Wachner · Lösungen Mandantenorientierte Sachbearbeitung

Peter Wachner

Lösungen Mandantenorientierte Sachbearbeitung

100 Lösungsmuster und 600 Musterantworten
zum Prüfungsbuch für Steuerfachangestellte

GABLER

Die Deutsche Bibliothek – CIP-Einheitsaufnahme

Wachner, Peter:
Mandantenorientierte Sachbearbeitung: sicher in die
mündliche Prüfung für Steuerfachangestellte / Peter Wachner.
– Wiesbaden: Gabler

Lösungen. 100 Lösungsmuster und 600 Musterantworten
zum Prüfungsbuch für Steuerfachangestellte. - 1999
  ISBN-13: 978-3-409-11440-0   e-ISBN-13: 978-3-322-86912-8
  DOI: 10.1007/978-3-322-86912-8

ISBN-13: 978-3-409-11440-0

Inhaltsverzeichnis

Bearbeitungsempfehlung

Dieses Lösungsheft beinhaltet die 600 Antwortmuster der Bausteine aus dem Fachwissen zum Hauptbuch "**Mandantenorientierte Sachbearbeitung**".

Im Hauptbuch sind die Bausteine fortlaufend nummeriert, jedoch thematisch den Sachgebieten, wie Einkommensteuer, Rechnungswesen, Wirtschaftslehre usw., zugeordnet. Zum schnelleren Auffinden der Musterlösung werden im Lösungsheft die Bausteine von 01 bis 600 durchnummeriert.

Es schließen sich dann die 102 Lösungsmuster des Hauptbuches an und zum Schluss die zwei Zusatzaufgaben zum Kassenbuch, die im Hauptbuch auf den Seiten 252/253 genannt sind. Die Nummerierung der Situationsaufgaben erfolgt - wie im Hauptbuch - fortlaufend.

Bearbeitungshinweise zu den Bausteinen aus dem Fachwissen:

Versuchen Sie herauszufinden, ob Ihr eigener Formulierungsvorschlag mit der Musterlösung übereinstimmt. Dabei kommt es nicht darauf an, ob die gleiche Wortwahl getroffen ist, sondern, ob Sie den Sinn der Formulierung getroffen haben. Bei Legaldefinitionen erwarten Ihre Prüfer eine Formulierung, die sich eng an den Gesetzestext hält, bei den anderen Fragen kommt es auf den Kern an.

Sollten Sie feststellen, dass sich Ihr Lösungsansatz erheblich von der Musterlösung unterscheidet, so überlegen und überprüfen Sie, ob Ihre Lösung richtig ist. Wenn ja, dann nehmen Sie durch den Lösungsvorschlag im Lösungsheft einen zusätzlichen Aspekt auf, wie die Frage des Bausteins behandelt werden kann. Bleiben Sie jedoch kurz und prägnant in Ihrer Darstellung. Zu einigen Fragen lassen sich viele Ausführungen darstellen, doch darauf kommt es in der Vorbereitung auf Ihre Prüfung nicht an, sondern wichtig ist, dass Sie zu den Fragen treffende Antworten geben können. Die Kombination der Bausteine untereinander wird bei einer guten Übung der Musterlösungen Sie in die Lage versetzen, im Prüfungsgespräch zu bestehen.

Bearbeitungshinweise zu den Situationsaufgaben:

Beim Vergleich Ihres Lösungsvorschlages und dem in diesem Buch aufgezeigten Lösungsmuster kommt es darauf an, dass Sie in Ihrer Lösung die stark hervorgehobenen Fachwörter verarbeitet haben. Haben Sie mehr als die Hälfte in Ihrer Lösung verarbeitet, so ist die Antwort gut. Schauen Sie sich jedoch auch die Fachwörter an, die Sie ausgelassen haben und versuchen Sie den Zusammenhang zu der gestellten Aufgabe zu finden. Durch diese Arbeit erweitern Sie erheblich Ihre Basis zu dem gestellten Thema und werden dann in Ihrer Prüfungssituation in der Lage sein, ähnliche Aufgabenstellungen zu bearbeiten.

Die Lösungsmuster sind bewusst kurz gestaltet. Bedenken Sie, dass Sie für die Vorbereitung nur 10 Minuten zur Verfügung haben. Ebenso wie bei den Bausteinen aus dem Fachwissen lässt sich sagen, dass einige Themen breiter und vielschichtiger im Lösungsansatz angelegt werden könnten. Bei der Überprüfung Ihres Lösungsvorschlages mit dem Lösungsmuster kommt es wieder darauf an, ob Sie das Thema getroffen haben und ob Sie es in eigenen Worten darstellen können.

Am Ende der meisten Lösungsmuster finden Sie noch etwas Raum mit dem Hinweis: *"Folgende Stichworte hätte ich noch in das Thema einbringen können!"*. Nutzen Sie diesen Freiraum, um sich einige Gedanken zu notieren, die Sie zu der gestellten Frage gut beherrschen und die gut zu dem Thema der Aufgabe passen.

Kombinieren Sie Ihre Gedanken mit der Musterlösung oder vermischen Sie Ihre Lösung mit den Lösungsvorschlägen anderer ähnlicher Situationsaufgaben. Gehen Sie jedoch nicht über eine Seitenlänge in Ihrem Antwortmuster hinaus. Bedenken Sie bitte, dass Sie vor dem Prüfungsausschuss nur kurze Zeit für Ihre Darstellung eingeräumt bekommen.

Üben Sie, Ihren Lösungsvorschlag oder ein Lösungsmuster aus diesem Buch frei vorzu-tragen. Bei diesem Training achten Sie bitte darauf, dass Sie nicht vom Thema ab-schweifen und dass Ihre Darstellung und Wortwahl nicht zu oberflächlich wird, sondern dass sie genau ist. Eine kurze, richtige und genaue Darstellung ist wertvoller im Prüfungsgespräch als eine ungenaue weitschweifige Erklärung. Sollten Sie in diesem Punkt Schwierigkeiten haben, so empfehle ich Ihnen, sich noch mehr mit den Fachvokabeln auseinanderzusetzen, denn die Nennung und Darstellung der spezifischen Fachwörter geben Ihren Antworten und Ihrem Vortrag Substanz.

Ich hoffe, dass dieses Buch zum sicheren Bestehen Ihrer Prüfung zum Steuerfachangestellten beiträgt und wünsche Ihnen besten Erfolg!

Peter Wachner

Lösungen zu den Bausteinen
aus dem Fachwissen

B001

Der Staat kann durch das öffentliche Recht mittels der Gesetze den Bürgern Pflichten auferlegen.

Im öffentlichen Recht gilt das Prinzip der Über- bzw. Unterordnung.

B002

Das private Recht regelt die Rechtsbeziehungen zwischen natürlichen Personen bzw. juristischen Personen.

Natürliche und juristische Personen stehen sich gleichberechtigt gegenüber.

B003

*Gesetze
Durchführungsverordnungen
Richtlinien für die Executive
Urteile für die am Verfahren Beteiligten*

B004

Die Rechtsfähigkeit des Menschen beginnt mit der Vollendung der Geburt, d.h. die Person kann Träger von Rechten und Pflichten sein.

B005

Geschäftsfähigkeit ist die Fähigkeit, Willenserklärungen rechtswirksam abzugeben und entgegenzunehmen.

*Z.B: Kauf eines Pkw's.
Abschluss eines Mietvertrages.*

B006

Willenserklärungen sind Äußerungen oder Handlungen, die mit der Absicht vollzogen werden, eine rechtliche Wirkung herbeizuführen, zu ändern oder aufzunehmen.

B007

*Verkäufer: 1. Sache zu liefern.
2. Eigentum zu verschaffen.*

*Käufer: 1. Die Sache abzunehmen.
2. Den Kaufpreis zu zahlen.*

B008

Durch den Dienstvertrag wird derjenige welcher Dienste zusagt, zur Leistung der versprochenen Dienste, der andere Teil zur Gewährung der vereinbarten Ver-gütung verpflichtet.

Gegenstand eines Dienstvertrages können Dienste jeder Art sein.

B009

Ein Arbeitsvertrag liegt vor, wenn ein Arbeitnehmer zur Leistung von Diensten (Arbeit) in ein Unternehmen eingeordnet ist bei einem Dienstherrn (Arbeitgeber), Weisungsbefugnisse und Fürsorgepflichten hat. Er zeichnet sich durch Fürsorge- und Treuepflicht aus.

B010

Der Unternehmer verpflichtet sich, ein versprochenes Werk auszuführen.

Z.B.: Ein Schneider näht einen Anzug für seinen Kunden.

B011

Der Unternehmer erstellt ein Werk und beschafft dazu auch die nötigen Stoffe.

Z.B.: Ein Dachdecker wird beauftragt, das Dach zu decken und dafür die nötigen Dachsteine zu beschaffen.

B012

Durch den Mietvertrag wird der Vermieter verpflichtet, dem Mieter den Gebrauch der vermieteten Sache während der Mietzeit zu gewähren. Der Mieter ist verpflichtet, dem Vermieter den vereinbarten Mietzins zu entrichten.

B013

Der Pachtvertrag räumt dem Pächter während der Pachtzeit das Recht ein, den Ertrag aus dem Pachtgegenstand für sich zu beanspruchen.

B014

Wer Geld oder andere vertretbare Sachen als Darlehen empfangen hat, ist verpflichtet, dem Darleiher das Empfangene in Sachen von gleicher Art, Güte und Menge zurückzuerstatten.

B015

Beim Leasing werden langfristige Nutzungsrechte an beweglichen und unbeweglichen Wirtschaftsgütern durch Miet- oder Pachtverträge erworben.

Operate-Leasing/Finance-Leasing

B016

Jedermann kann in eigener Verantwortung darüber entscheiden, ob, wann und mit wem er ein Rechtsgeschäft abschließen will. Die Vertragsfreiheit ist ein wesentliches Merkmal der Marktwirtschaft.

B017

Durch Abschluss eines Kaufvertrages verpflichten sich die Vertragsparteien zu etwas. Verpflichtungsgeschäfte begründen eine rechtliche Beziehung zwischen zwei Personen.

B018

Beim Erfüllungsgeschäft führen die Vertragsparteien das aus, was sie im Verpflichtungsgeschäft vereinbart haben.

B019

Der Annahmeverzug (Gläubigerverzug) darf nicht mit dem Abnahmeverzug (Schuldnerverzug) verwechselt werden.

B020

In Bezug auf einen Kaufvertrag haftet der Verkäufer einer Sache dem Käufer dafür, dass sie zu der Zeit des Kaufs nicht mit Fehlern behaftet ist, die den Wert oder die Tauglichkeit zu dem gewöhnlichen Gebrauch aufheben oder vermindern.

B021

Der Besitzer hat die tatsächliche Gewalt über eine Sache.

Z.B.: Leasing eines Kfz's. Der Leasingnehmer ist Besitzer, er kann den Pkw nutzen.

B022

Der Eigentümer hat die rechtliche Gewalt über eine Sache, das heißt er kann mit der Sache beliebig verfahren, soweit nicht andere Vorschriften ihn in seinem Tun einschränken.

B023

Beim kaufmännischen Mahnverfahren erhält der Schuldner in der Regel mehrere Mahnungen, bevor eine gerichtl. Mahnung (Mahnbescheid) veranlasst wird. Der Mahnbescheid mündet in einen Vollstreckungsbescheid und in die Zwangsvollstreckung.

B024

Unter Verjährung versteht man den Ablauf einer Frist, innerhalb der ein Anspruch gerichtlich geltend gemacht werden kann.

5

B025

Der Betrieb und die Berufschule bilden gleichberechtigt aus, indem sie sich ergänzen.

B026

Das Berufsbildungsgesetz regelt die Berufsausbildung in der BRD. Es umfasst die Berufsausbildung, die berufliche Fortbildung und die berufliche Umschulung.

B027

Vor Beginn der Berufsausbildung ist zwischen dem Auszubildenden und dem Ausbildenden ein Berufsausbildungsvertrag zu schließen. Er bedarf der Schriftform.

B028

Für Jugendliche, zw. 14 - 18 Jahren, werden geregelt: Arbeitszeit, Berufsschulbesuch, Ruhepausen, tägl. Freizeit, Urlaub, Vergütung v. Mehrarbeit, Bereitstellung v. Pausenräumen, ärztl. Untersuchung vor Beginn der Einstellung.

B029

Mitbestimmung: Betriebl. Maßnahmen werden erst durch seine Zustimmung wirksam. Mitwirkungsrecht: Kann betriebl. Maßnahmen widersprechen. Beratungsrecht: Der AG muss sich mit dem Betriebsrat beraten. Informationsrecht: Betriebsrat muss informiert werden.

B030

Bei Betrieben mit mindestens fünf Auszubildenden ist eine Jugend- und Ausbildungsvertretung zu wählen.

B031

Sind berufsständische Vertretungen der Steuerberater. Aufgaben:

1. Wahrung der berufl. Belange d. StB.
2. Förderung u. berufl. Weiterbildung.
3. Überwachung der Ausbildung für Steuerfachangestellte.

B032

Die Gründung von Gewerkschaften ist im GG festgeschrieben. Sie haben die Aufgabe, die Interessen der Arbeitnehmer zu vertreten und auf einen sozialen Ausgleich hinzuarbeiten.

B033

Das Gewerbeaufsichtsamt überwacht als Aufsichtsbehörde Anlagen, die einer besonderen Überwachung bedürfen (z.B. Aufzuganlagen, Getränkeschankanlagen).

B034

Arbeitsgerichte sind zuständig für Rechtsstreitigkeiten zwischen Arbeitnehmern und Arbeitgebern.

Das Bundesarbeitsgericht befindet sich in Kassel.

B035

Das Arbeitszeitgesetz regelt für Auszubildende, die nicht mehr unter dem Jugendschutzgesetz erfasst werden, die tägliche maximale Arbeitszeit, Pausen und arbeitsfreie Zeit.

B036

Der Tarifvertrag ist ein Kollektivvertrag zwischen den Tarifparteien, in dem die Arbeitsbedingungen für die Berufsgruppen eines Wirtschaftszweiges einheitlich für eine bestimmte Dauer festgelegt werden. Er bedarf der Schriftform.

B037

In der gesetzl. Unfallversicherung besteht Versicherungspflicht für alle Arbeitnehmer(-innen) und Auszubildenden für die meisten Unternehmer. Zweck: Unfallverhütung, Heilbehandlung, Übergangsgeld, Verletztengeld, Sterbegeld.

B038

Gesetzliche Vorschriften zum Schutz von werdenden Müttern.
Schwangere dürfen nicht mit schwerer körperlicher Arbeit betraut werden. Sie sind 6 Wochen vor und bis 8 Wochen nach der Niederkunft zu beurlauben.

B039

Gesetz gilt für Betriebe mit mehr als fünf Arbeitnehmern (ohne Azubis), die länger als 6 Monate in demselben Betrieb beschäftigt werden. Besonderen Kündigungsschutz haben Azubis nach der Probezeit, Schwangere, Betriebsräte, Schwerbehinderte.

B040

Geschützt wird das Recht des Bürgers, dass jeder Bürger grundsätzlich allein bestimmen darf, wem er seine personenbezogenen Daten preisgibt und angeben kann, wie sie verwendet werden.

B041

Betriebe mit mind. 5 Arbeitnehmern (bei autom. Verarbeitung personenbezogener Daten) haben einen Datenschutzbeauftragten zu bestellen. Er kontrolliert die Einhaltung des Bundesdatenschutzgesetzes in dem Unternehmen.

B042

Der Datenschutzbeauftragte überwacht die verwendete Software und Schulung der Mitarbeiter. Er ist direkt der Geschäftsleitung unterstellt. Er arbeitet weisungsfrei. Seine Berufung kann nur aus wichtigem Grund widerrufen werden.

B043

*Krankenversicherung
Unfallversicherung
Rentenversicherung
Arbeitslosenversicherung
Soziale Pflegeversicherung*

B044

Die Soz.-Versicherung ist eine gesetzliche Versicherung, die weiten Bevölkerungskreisen zur Pflicht gemacht ist, um die Versicherten vor Not bei Krankheit, Erwerbsunfähigkeit, Arbeitslosigkeit, Unfällen, Pflegebedürftigkeit zu schützen.

B045

Die Vers.-Träger sind jur. Personen des öffentlichen Rechts. Sie verwalten und organisieren die Zweige der Sozialversicherung. Die Sozialgerichte entscheiden bei Streitigkeiten.

B046

KV: Vorsorgeuntersuchung, Krankenhilfe, Mutterschaftshilfe, Sterbegeld; RV: Heilbehandlung, Berufsförderung, Rentenzahlung; AV: Arbeitslosengeld/-hilfe, Konkursausfallgeld; Ges. UV: Unfallverhütung, Berufsförderung, Verletzten- u. Sterbegeld; PV: Pflegegeld nach Stufen.

B047

*Arbeiter und Angestellte sind grundsätzlich versicherungspflichtig in KV, PV, RV, AV.
Jahresentgeltgrenze KV (1998) 75.600 DM = 6.300 DM p.M.; RV (1998) 100.000 DM = 8.400 DM p.M.*

B048

Die Beitragssätze richten sich nach einem v. Hundertsatz vom Brutto, höchstens der BMG f. d. Rentenversicherung, bei der KV höchstens 75% der BMG. AV = 6,5%, RV = 19,2%, PV = 1 %.

B049

Weiterbildungsangebote wahrzunehmen ist nötig, um auf dem aktuellen Stand des Fachwissens zu bleiben. Möglichkeiten ergeben sich durch interne Schulungen im Betrieb. Extern durch die DATEV, Steuerberaterkammern, IHK's, priv. Anbieter.

B050

Der in das Handelsregister eingetragene Kaufmann muss durch einen Zusatz die Eintragung kennzeichnen, wie: "Eingetragener Kaufmann" oder "Eingetragene Kauffrau" oder eine verständliche Abkürzung, wie: "e.K.", "e.Kfm."

B051

Es muss ein Zusatz geführt werden, der die Rechtsverhältnisse klar herausstellt. Z.B. durch den Zusatz "Offene Handelsgesellschaft" oder durch eine allgemein verständliche Abkürzung, wie: "OHG".

B052

Es muss ein Zusatz geführt werden, der die Rechtsverhältnisse klar herausstellt. Z.B. durch den Zusatz "Kommanditgesellschaft" oder durch eine allgemein verständliche Abkürzung, wie: "KG".

B053

Eingetragene Kaufleute haben auf ihren Geschäftsbriefen (auch Rechnungen, Quittungen, Telefax, E-mail) ihre Firma mit dem Rechtsformzusatz, Ort der Handelsniederlassung, Registergericht u. HR-Nummer anzugeben.

B054

1. Unterscheidungskriterium
2. Ersichtlichkeit des Gesellschaftsverhältnisses
3. Offenlegung der Haftungsverhältnisse

B055

Für alle eingetragenen Kaufleute ist zwingend ein exakter Rechtsformzusatz vorgeschrieben, der über die Gesellschafts- und Haftungsverhältnisse Aufschluss gibt.

B056

1. Dient dem Gläubigerschutz, ist von jedermann einsehbar.
2. Aufteilung: A = Eintragung der Einzelkaufleute u. Personengesell. B = Kapitalgesellschaften
3. Werden bei den Amtsgerichten geführt.

9

B057

Es wird im Bezirk des Amtsgerichts der Partnerschaftsgesell. geführt. Die Partnerschaftsgesell. kann in jeder Rechtsform auftreten. Partner sind Angehörige d. freien Berufe, üben kein Handelsgewerbe aus, unterliegen nicht der GewSt. Inhalt: Geschäftsf., Vertretung, Haftung.

B058

Es wird beim Amtsgericht geführt in dessen Bezirk das Grundstück liegt.
I. Abteilung: Eigentümer
II. Abteilung: Lasten u. Beschränkungen
III. Abteilung: Hypotheken, Grundschulden, Rentenschulden

B059

Die e.G. (= eingetragene Genossenschaft) wird ins Genossenschaftsregister beim zuständigen Amtsgericht eingetragen.

B060

Das Vereinsregister wird beim Amtsgericht geführt.

Es können alle Vereine eingetragen werden, die nicht auf einen wirtschaftlichen Geschäftsbetrieb gerichtet sind.

B061

Es wird beim Amtsgericht geführt.

Es werden die ehelichen Güterrechtsverhältnisse eingetragen. Das Register steht jedermann zur Einsicht offen.

B062

Die Firma ist der Name eines eingetragenen Kaufmanns, unter dem er seine Handelsgeschäfte betreibt, klagt und verklagt werden kann.

B063

Firmenwahrheit
Firmenbeständigkeit
Firmenausschließlichkeit (auch
    Firmenunterscheidbarkeit)
Firmeneinheit
Firmenöffentlichkeit

B064

Ein Kommissionär kauft oder verkauft gewerbsmäßig Waren oder Wertpapiere für Rechnung eines anderen (Kommittenten) im eigenen Namen.

B065

Handelsvertreter ist, wer als selbständiger Gewerbetreibender ständig damit betraut ist, für einen anderen Unternehmer Geschäfte zu vermitteln oder in dessen Namen abzuschließen.

B066

Der Handelsmakler vermittelt als selbständiger Gewerbetreibender für andere Unternehmer Geschäfte oder schließt sie in dessen Namen ab.

B067

Es ist eine Vollmacht, die einer Person eingeräumt wird, um Handlungen vorzunehmen, die gewöhnlich innerhalb des betreffenden Handelsgewerbes an-fallen.

B068

Die Prokura ermächtigt zu allen Arten von gerichtlichen und außergerichtlichen Geschäften und Rechtshandlungen, die der Betrieb eines Handelsgewerbes mit sich bringt.

B069

Einzelunternehmen werden von dem Inhaber allein geführt. Der Einzel-unternehmer bringt allein das Kapital auf, führt die Geschäfte allein und haftet auch allein.

B070

Wer sich als stiller Gesellschafter an einem Handelsgewerbe, das ein anderer betreibt, mit einer Vermögenseinlage beteiligt, hat die Einlage so zu leisten, dass sie in das Vermögen des Inhabers des Handelsgeschäfts übergeht.

B071

Sie ist eine vertragliche Vereinigung von Personen, die sich verpflichten, die Erreichung eines gemeinsamen Zieles in der durch den Vertrag bestimmten Weise zu fördern, insbesondere die vereinbarten Beiträge zu leisten.

B072

Es ist eine Rechtsform, in der sich Angehörige der freien Berufe zusammen-schließen. Sie ist eine Personen-gesellschaft, der OHG ähnlich. Sie kann unter eigenem Namen klagen oder verklagt werden.

B073

Sie ist eine Gesellschaft, deren Zweck auf den Betrieb eines Handelsgewerbes unter gemeinschaftlicher Firma gerichtet ist und bei der die Haftung der Gesellschafter gegenüber den Gläubigern nicht beschränkt ist.

B074

Ist der Betrieb eines Handelsgeschäftes unter gemeinschaftlicher Firma, wenn mindestens ein Gesellschafter persönlich haftet (Komplementär) und ein Gesellschafter nur mit seiner Vermögenseinlage haftet (Kommanditist).

B075

Die GmbH ist eine Handelsgesellschaft mit eigener Rechtspersönlichkeit (jur. Person). Die Gesellschafter sind beteiligt mit ihrer Stammeinlage, ohne persönlich für die Verbindlichkeiten der Gesellschaft zu haften.

B076

Die GmbH & Co. KG ist eine Kommanditgesellschaft, bei der eine GmbH Vollhafter (Komplementär) ist.

B077

Die AG ist eine Gesellschaft mit eigener Rechtspersönlichkeit (jur. Person). Für die Verbindlichkeiten der Gesellschaft haftet den Gläubigern nur das Gesellschaftsvermögen.

B078

Die Genossenschaft ist eine Gesellschaft mit nicht geschlossener Mitgliederzahl (mind. 7 Personen), welche die Förderung des Erwerbs oder der Wirtschaft ihrer Mitglieder durch gemeinschaftl. Geschäftsbetrieb bezweckt, ohne dass diese persönlich für die Verb. d. Gen. haften.

B079

EU = Unternehmer
OHG = Die Gesellschafter persönlich
KG = Komplementär (persönlich)
*   Kommanditist (mit seiner Einlage)*
GmbH = Gesellschaftsvermögen
AG = Verhältnis der Aktiennennbeträge

B080

EU = Einlage des Unternehmers
OHG = Einlage der Gesellschafter
KG = Einlage der Gesellschafter
GmbH = Stammkapital von 50.000 DM
AG = Grundkapital von 100.000 DM
e.G. = Geschäftsanteile der Genossen

B081

EU = allein
OHG = 4 % d. Kapitalanteils, Rest nach
       Köpfen
KG = 4 % d. Kapitalanteils, Rest im an-
      gemessenen Verhältnis
GmbH = Verhältnis d. Geschäftsanteile
AG = Verhältnis d. Aktiennennbeträge

B082

EU =   Unternehmer allein
OHG = Alle Gesellschafter
KG =   Nur Komplementär
GmbH = Geschäftsführer
AG =   Vorstand

B083

EU =   Unternehmer
OHG = Jeder Gesellschafter
KG =   Nur Komplementär
GmbH = Geschäftsführer
AG =   Vorstand

B084

EU =   ESt, GewSt, USt
OHG = GewSt, USt
KG =   GewSt, USt
GmbH = KSt, GewSt, USt
AG =   KSt, GewSt, USt

B085

Siehe Steuerspirale Seite 78

B086

Investition = Verwendung der finanziellen
Mittel (Kapital)

Ersatzinvestition: Altes wird durch
      Neues ersetzt.
Erweiterungsinvestition: Neue Ver-
      mögensteile werden
      angeschafft.

B087

Eigenfinanzierung: Eigentümer bringt
      das Kapital auf.

Fremdfinanzierung: Banken geben
      Kredit, sind
      Gläubiger.

B088

Ausgewiesene Gewinne werden nicht
entnommen bzw. nicht ausgeschüttet. Sie
stehen dem Unternehmen für Investitionen
zur Verfügung.

B089

Es werden stille Rücklagen gebildet, indem das Vermögen unter- und die Rückstellungen überbewertet werden.

Eine besondere Rolle spielen überhöhte Abschreibungen.

B090

Das Anlagevermögen soll mit Eigenkapital finanziert werden, Umlaufvermögen mit Fremdkapital.EK und FK sollen sich die Waage halten. Goldene Finanzierungsregel: a) AV + EK Verhältnis 1:1
b) Fristenübereinstimmung von Vermögen und Kapital.

B091

Kurzfristig: bis 6 Monate
Mittelfristig: länger als 6 Monate
Langfristig: ab 4 Jahren

B092

Produktionskredite:
- Investitionskredite
- Betriebsmittelkredite
- Saisonkredite
Konsumkredite:
- Finanzierung des Verbrauchs

B093

Bei der Finanzierung durch Leasing werden langfristige Nutzungsrechte an beweglichen und/oder unbeweglichen Wirtschaftsgütern durch Miet- oder Pachtverträge erworben.

B094

Der Factor erwirbt (kauft) das Eigentum an einer Forderung. Er übernimmt das Risiko des Forderungsausfalls.
Beispiel: Ein Unternehmer verkauft seine Forderung an einen seiner Kunden an einen Factor (und erhält schneller Geld).

B095

Der Kreditgeber erwirbt das bedingte Eigentum an einer Sache zur Sicherung seines Kredites, der Schuldner bleibt jedoch Besitzer und damit Nutzer der Sache.

B096

Beim Faustpfand dient eine Sache oder ein verbrieftes Recht der Sicherung eines Kredites. Die Sache geht in den Besitz des Kreditgebers über.

B097

Abtretung von Forderungen an Gläubiger zur Kreditsicherung.

Stille Zession, offene Zession, Globalzession, Mantelzession.

B098

Der Bürge verpflichtet sich für die Verbindlichkeiten des Kreditnehmers einzustehen.
Gewöhnliche Bürgschaft mit Recht auf Einrede der Vorausklage, Selbstschuldnerische Bürgschaft

---

B099

Am Markt herrscht Wettbewerb durch Angebot und Nachfrage. Die staatliche Sozialpolitik setzt jedoch Grenzen.

Verantwortliches Handeln in Bezug auf die Umwelt und Mitmenschen müssen beachtet werden.

B100

Das freie Spiel der Kräfte wäre ein Alles- oder Nichtsspiel.
Gewinnstreben auf Kosten der Umwelt und der Mitmenschen ist nicht legitim. Kinder, alte Menschen, Kranke und Behinderte müssen ebenfalls mit einbezogen werden.

B101

Es herrscht am Markt das freie Spiel der Kräfte durch Angebot und Nachfrage. Diese Freiheit findet jedoch dort ihre Grenzen, wo andere Mitglieder der Gesellschaft in ihrer Freiheit bedroht sind.

B102

Die persönliche und wirtschaftliche Freiheit der Menschen ist gewährleistet. Es herrschen Angebot und Nachfrage. Die Feiheit der Wirtschaftssubjekte ist zugesichert in dem Maße, wie sie keinen Schaden für andere mit sich bringt.

B103

Eines der Ziele der soz. Marktwirtschaft ist der wachsende Wohlstand der Menschen. Durch die vielfältigen Bedürfnisse der Menschen sind alle Marktformen in der soz. Marktwirtschaft anzutreffen, wie Monopol, Oligopol, Polypol.

B104

Der Staat greift durch Gesetze und Verordnungen in die Gesetze des Marktes ein, um die soziale Sicherheit der Menschen zu gewährleisten. Der Staat hat eine steuernde Funktion.

B105

Stabile Preise stellen eine Sicherheit für den Unternehmer und den privaten Haushalt dar. Eine niedrige Inflationsrate begünstigt die Kalkulation der Unternehmer und sichert erbrachte Leistungen für die privaten Haushalte.

B106

Ein hoher Beschäftigungsgrad (Vollbeschäftigung ?!) lässt alle Wirtschaftssubjekte an der Wirtschaft teilnehmen und sichert somit auch ihre Existenz.

B107

Das Wirtschaftswachstum wird gemessen an der Wachstumsrate des Sozialproduktes, das ist die Gesamtheit aller Güter, die in einer Volkswirtschaft in einem Jahr gegen Geld produziert wurden.

B108

Die Zahlungsbilanz soll ausgeglichen sein, das heißt der Wert der Importe und der Exporte soll sich ausgleichen bzw. gegen null gehen.

B109

Eines der gesamtwirtschaftlichen Ziele, das immer mehr an Bedeutung gewinnt, ist die Umwelt, d.h. den Lebensraum der Menschen, Tiere und Pflanzen zu schützen und zu erhalten.

B100

Sozialverträgliche Einkommensverteilung heißt, dass der einzelne Mensch durch die Möglichkeiten seiner Einkommenserzielung in der Wirtschaft seinen Lebensstandard sichern und evtl. steigern kann.

B111

Eines der gesamtwirtschaftlichen Ziele ist die Forderung nach einer möglichst breiten Vermögensstreuung. Die Bildung von persönlichem Vermögen wird deshalb auf verschiedene Arten gefördert.

B112

Aufschwung (Expansion)
Hochkonjunktur (Boom)
Abschwung (Krisis)
Tiefstand (Depression)

B113

Durch Konjunkturindikatoren lässt sich die Konjunkturlage erkennen und evtl. durch geeignete Maßnahmen gegensteuern. Indikatoren sind z.B.: Entwicklung der Lebenshaltungskosten, Arbeitslohnquote, Bauanträge, Umsätze im Einzelhandel usw.

B114

Durch die Einnahmepolitik soll der Staat in die Lage versetzt werden, seine hoheitlichen Aufgaben zu verwirklichen (wie z.B. Polizeiwesen, Bildungswesen usw.) und lenkend im Sinne einer sozialen Marktwirtschaft durch gezielte Subventions- u. Steuerpolitik eingreifen.

B115

Vom Staat wird (aufgrund seines enormen Ausgabenvolumens) erwartet, dass er eine antizyklische Fiskalpolitik betreibt, d.h. dass er eine der Konjunkturphasen entgegengesetzte Ausgabenpolitik betreibt.

B116

Die staatl. Maßnahmen sollen die Wirtschaft steuern.

Die Sicherung des sozialen Friedens und des Wirtschaftswachstums stehen im Vordergrund.

B117

Frankfurt am Main

B118

Es soll durch eine geschickte Geldmengenpolitik ein stabiles Preisniveau erhalten bleiben.

B119

Diskontpolitik
Lombardpolitik
Mindestreservenpolitik
Offenmarktpolitik

B120

Durch eine einschränkende (restriktive) Geldpolitik werden sich die Zinsen erhöhen, bei einer ausdehnenden Geldpolitik dagegen sinken. Durch diese Steuerungselemente kann das Nachfrageverhalten der Wirtschaftssubjekte gesteuert werden.

17

B121

Bei dem europäischen Währungssystem (EWS) handelt es sich um Vereinbarungen der europ. Staaten durch An- bzw. Verkauf von ausländischen Noten die europäischen Währungen gegenseitig zu stützen.

B122

Die Währung soll gesichert werden (Bekämpfung der Inflation). Die geldpolitischen Maßnahmen müssen so eingesetzt werden, dass gleichzeitig die Wirtschaftspolitik des/der EU-Staates/en unterstützt wird.

B123

Zu den öffentlich-rechtlichen Abgaben gehören:

die Steuern
die Gebühren
die Beiträge
die steuerlichen Nebenleistungen

B124

Steuern sind Geldleistungen, die nicht eine Gegenleistung für eine besondere Leistung darstellen und von einem öffentl.-rechtlichen Gemeinwesen zur Erzielung von Einnahmen allen auferlegt werden, bei denen der Tatbestand zutrifft, an den das Gesetz die Leistungspflicht knüpft.

B125

Verspätungszuschlag (§ 152 AO)
Zinsen (§§ 233 - 237 AO)
Säumniszuschläge (§ 240 AO)
Zwangsgelder (§ 329 AO)
Kosten (§ 178, §§ 337 - 345 AO)

B126

Gebühren werden bezahlt für eine konkrete Leistung, die der Bürger vom Staat erhält. Z.B. Gebühr für die Ausstellung eines Reisepasses.

B127

Beiträge sind Entgelte für angebotene öffentliche Leistungen.

Z.B. Kammerbeiträge (IHK), Straßen-
anliegerbeiträge, Beiträge zur
Rentenversicherung usw.

B128

Siehe Steuerspirale Seite 78

B129

Besitzsteuern: a) Personensteuern
(ESt, KSt, ErbSt)
b) Realsteuern
(GewSt, GrundSt)
Verkehrssteuern: USt, KraftSt, Grund-
erwerbSt

B130

Bundessteuern
Landessteuern
Gemeindesteuern
Gemeinschaftssteuern

B131

Direkte und indirekte Steuern. Z.B. USt ist
eine indirekte Steuer, d.h. der Unter-
nehmer führt sie an das FA ab, doch der
Endverbraucher wird durch diese Steuer
belastet. Die ESt ist eine direkte Steuer,
weil der Steuerschuldner auch der
Steuerträger ist.

B132

Personensteuern berücksichtigen die pers.
Verhältnisse des Steuerpflichtigen z.B.
ESt, KSt, ErbSt.

Die Realsteuern berücksichtigen keine
pers. Verhältnisse, z.B. GewSt, GrundSt.

B133

Steuern, die betriebl. veranlasst sind,
können den Gewinn mindern. Es sind die
Sachsteuern, wie z.B. die GewSt, GrundSt,
KraftSt.

USt ist ein durchlaufender Posten.

B134

Gesetz ist jede Rechtsnorm (§ 4 AO).

B135

VO sind Rechtsnormen, die nicht in einem
förmlichen Gesetzgebungsverfahren zu-
standekommen, sondern von der Exekutive
erlassen werden. Sie sind verbindlich, wie
die Gesetze.

B136

Richtlinien sind Verwaltungsanweisungen
der obersten Behörde, die die Verwaltung
bindet. Sie haben den Zweck, die Gesetze
gleichmäßig anzuwenden.

B137

Erlasse der Finanzminister sind Anordnungen an die Verwaltung. Sie stellen klar, wie in bestimmten Fällen zu verfahren ist.

B138

OFD-Verfügungen sind Gebote, Verbote oder Erlaubnisse, die sich an bestimmte Steuerpflichtige richten und diese in ihrem Handeln binden.

B139

Rechtswirkung für die Beteiligten im Klageverfahren.

B140

Oberste Behörde: Bundes-/Landesfinanzminister; Oberbehörden: Bundesamt f. Finanzen, Rechenzentren; Mittelbehörden: Oberfinanzdirektionen; Örtliche Behörden: Hauptzollämter, Finanzämter

B141

Minister = Leitungsfunktion
OFD = Aufsichtsbehörde, überwacht die gleichmäßige Anwendung der Gesetze
Finanzämter = Durchführung: Festsetzung, Erhebung und Einziehung der Steuern.

B142

Siehe Steuerspirale Seite 78

B143

UStG
UStDV
UStRL (für Finanzamt)
Urteile im Einzelfall für die Beteiligten

B144

Die USt ist eine Allphasenumsatzsteuer mit Vorsteuerabzug. D.h. sie wird auf jeder Wirtschaftsstufe erhoben. Sie ist eine indirekte Steuer. Getroffen werden soll der Endverbraucher. Der Unternehmer führt sie jedoch an das Finanzamt ab.

B145

Umsatzsteuer
minus VorSt (= gezahlte USt für
empfangene Lieferungen
und Leistungen)

= Zahllast (= USt-Schuld)

B146

Verschaffung der Verfügungsmacht über einen Gegenstand im Inland gegen Entgelt, § 3 (1) i. V. § 1 (1) Nr. 1 UStG.

B147

Sonstige Leistungen sind keine Lieferungen (§ 3 (9) UStG). Sie bestehen in einem Tun, Dulden oder Unterlassen.

B148

EV liegt vor, wenn der Unternehmer Gegenstände, sonstige Leistungen oder Tätigung von Repräsentationsaufwendungen aus seinem Unternehmen verwendet für Zwecke, die außerhalb seines Unternehmens liegen (§ 1 (1) Ziff. 2 UStG).

B149

Die USt will den Endverbraucher mit der Steuer belegen. Erbringt eine Vereinigung i.S. § 1 Nr. 3 daher Leistungen oder sonst. Leistungen unentgeltlich an ihre Gesellschafter (sog. Gesellschafterverbrauch) fällt USt. an.

B150

Die Einfuhr aus dem Drittland in das Inland oder die österreichischen Gebiete Jundholz und Mittelberg unterliegen der Einfuhrumsatzsteuer. Es handelt sich um das Verbringen von Gegenständen in diese Gebiete, § 1 (1) Nr. 4 UStG.

B151

Die Einfuhr von Gegenständen aus dem übrigen Gemeinschaftsgebiet in die BRD unterliegt der USt. Steuerschuldner ist nicht der Lieferer, sondern der Erwerber.

B152

Bei einer Lieferung wird 1. ein Gegenstand geliefert und 2. die Verfügungsmacht an diesem Gegenstand verschafft.

21

B153

Ein Unternehmer tätigt im Inland gegen Entgelt im Rahmen seines Unternehmens eine sonstige Leistung (Tun, Dulden oder Unterlassen).

B154

Unternehmer ist, wer eine gewerbliche oder berufliche Tätigkeit selbständig ausübt, § 2 (1) S. 1 UStG.

B155

Das Unternehmen umfasst die gesamte gewerbliche oder berufliche Tätigkeit des Unternehmers, § 2 (1) S. 2.

B156

Inland ist das Gebiet der BRD mit Ausnahme von Büssingen, der Insel Helgoland, der Freihäfen...§ 1 (2) UStG.

B157

Entgelt ist alles, was der Leistungs-empfänger aufwendet, um die Leistung zu erhalten, jedoch abzüglich der USt, § 10 (1) S. 2 UStG.

B158

Bei Beförderung oder Versendung = Beginn der Lieferung. Sonderfall § 3 (8), Ort wird in das Inland verlegt, wenn der Lieferer Schuldner der USt ist und der Gegenstand aus d. Drittland geliefert wird. Bei Versandumsätzen liegt der Ort d. Lieferung im Bestimmungsmitgliedstaat.

B159

§ 3a (1). Grundsätzl. dort, wo der Leistende sein Unternehmen hat (Sitzort). Bei Grundstücken = Belegenheitsort, § 3a (2) Nr. 1, Tätigkeitsort, § 3a (2+3), Vermittlungsort, wo der verm. Umsatz ausgeführt wird, § 3a (2) Nr. 4, Sitzort des Leistungsempfängers § 3a (3) i.V. (4).

B160

Der Unternehmer verwendet bei der Bearbeitung oder Verarbeitung eines Gegenstandes Stoffe, die er selbst be-schafft.

B161

Verwendet der Werkunternehmer bei seiner Leistung keinerlei selbstbeschaffte Stoffe oder nur Stoffe, die als Zutaten oder sonstige Nebensachen anzusehen sind, so handelt es sich um eine Werkleistung.

B162

Liegt vor, wenn mehrere Unternehmer über denselben Gegenstand Umsatzgeschäfte abschließen und der Gegenstand bei der Beförderung oder Versendung unmittelbar vom ersten Unternehmer an den letzten Abnehmer gelangt.

B163

Der Unternehmer verwendet Gegenstände und sonstige Leistungen aus seinem Unternehmen für sich selbst oder andere für Zwecke, die außerhalb seines Unternehmens liegen.
Dazu gehören auch Repräsentationsaufwendungen.

B164

Lieferungen oder sonstige Leistungen von Gesellschaften im Rahmen ihres Unternehmens im Inland an ihre Gesellschafter, Mitglieder oder diesen nahestehenden Personen ohne (kein) Entgelt.

B165

Wird der Gegenstand verzollt und versteuert eingeführt, handelt es sich um keine Einfuhr. Der Lieferer schuldet die EUSt. Wird der Gegenstand unverzollt und unversteuert eingeführt, liegt eine Einfuhr vor. Der Leistungsempfänger schuldet die EUSt.

B166

Lieferung eines Gegenstandes gegen Entgelt an den Abnehmer (Erwerber) aus dem Gebiet eines Mitgliedstaates in das Gebiet eines anderen Mitgliedstaates (übriges Gemeinschaftsgebiet).
Ein steuerbarer innergem. Erwerb setzt eine steuerfreie Lieferung voraus.

B167

Führt ein Unternehmer nur Umsätze aus, die den VorSt-Abzug ausschließen, kann er keine VorSt abziehen. Das sind z.B. steuerfreie Umsätze, wenn nicht optiert wurde.

B168

Der Unternehmer kann bestimmte steuerfreie Umsätze als steuerpflichtige behandeln, wenn der Umsatz an einen anderen Unternehmer ausgeführt wird (Optionsmöglichkeit). Eine der wichtigsten Optionsmöglichkeiten betrifft die Vermietung u. Verpachtung von Grundstücken.

23

B169

Voraussetzungen:
1) Beförderungs- oder Versendungs-
lieferung durch den Unternehmer vom
Inland in den Drittstaat.
2) Beförderungs- oder Versendungs-
lieferung durch ausländischen Abnehmer
vom Inland in einen Drittstaat.

B170

Voraussetzungen:
Es handelt sich um Beförderungs- oder
Versendungslieferungen durch den Unter-
nehmer oder Abnehmer vom Inland in das
übrige Gemeinschaftsgebiet. Abnehmer ist
ein Unternehmer und er erwirbt den
Gegenstand für sein Unternehmen, §4 Nr.
1b i.V. § 6a (1).

B171

Steuerfrei sind (§ 4 Nr. 12) die Vermietung
und Verpachtung von Grundstücken.....
Nicht befreit sind die Vermietung von Wohn
und Schlafräumen, die ein Unternehmer zur
kurzfr. Beherbergung von Fremden
bereithält.

B172

Kaufpreis minus USt = Entgelt (=BMG) §
10 (1) S.2 UStG.

Nicht zum Entgelt gehören durchlaufende
Posten, Verzugszinsen, Mahngebühren,
Fälligkeitszinsen, Prozesszinsen.

B173

BMG ist das Entgelt, § 10 (1) UStG.

Nicht zur BMG gehört die USt selbst,
Verzugszinsen, Fälligkeitszinsen, Prozess-
zinsen, Mahngebühren, Kosten für
Mahnbescheide, Kosten beim Wechsel-
rückgriff.

B174

BMG ist alles das, was aufgewendet
wurde, d.h. das Entgelt. Es berechnet sich
aus Nettowarenwert zuzüglich Fracht-
kosten, zuzüglich Verpackung. Mit
einzubeziehen in die BMG sind die vom
Erwerber geschuldeten Verbrauchs-
steuern, § 10 (1) S.4.

B175

BMG ist der Nettoeinkaufspreis zuzüglich
der Nebenkosten für den Gegenstand oder
die Selbstkosten.

B176

Netto-Einkaufspreis zuzüglich der
Nebenkosten oder Selbstkosten zum
Zeitpunkt des Umsatzes (entspricht dem
Wiederbeschaffungspreis).

B177

Der Umsatz wird bei der Einfuhr nach dem Wert des eingeführten Gegenstandes nach den jeweiligen Vorschriften über den Zollwert bemessen, § 11 (1) UStG.

B178

Lieferungen:
Nettoeinkaufspreis zuzügl. Nebenkosten im Zeitpunkt des Umsatzes oder die Selbstkosten im Zeitpunkt des Umsatzes.

Sonstige Leistungen:
Entstandene Kosten.
§ 10 (5) i.V. § 10 (4) UStG

B179

Beim Tausch gilt der Wert jedes Umsatzes als Entgelt für den anderen Umsatz. Die USt gehört nicht zu dem Entgelt.

B180

Ein tauschähnlicher Umsatz liegt vor, wenn das Entgelt für eine sonstige Leistung in einer Lieferung oder sonstigen Leistung besteht.

Der Wert der getätigten Leistung gilt als BMG der empfangenen Leistung.

B181

Durchlaufende Posten sind Beträge, die der Unternehmer im Namen und für Rechnung eines anderen vereinnahmt und verausgabt. Sie gehören nicht zum Entgelt, § 10 (1) S. 5 UStG.

B182

Die USt bzw. VorSt ist zu berichtigen.
§ 17 (1) UStG.

B183

Die Steuer beträgt auf jeden steuerpflichtigen Umsatz 16 %, wenn nicht der ermäßigte Steuersatz von 7 % angewendet wird, § 12 (1) UStG.

B184

Der ermäßigte Steuersatz beträgt 7 %.

a) Lebensmittel
b) Bücher, Zeitschriften
c) Holz
d) Bestimmte Beförderung von Personen

B185

Sollbesteuerung:
Ablauf des Voranmeldezeitraumes in dem die Leistungen ausgeführt worden sind.

Istbesteuerung:
Ablauf des Voranmeldezeitraumes in dem die Entgelte vereinnahmt worden sind, § 13 (1) Nr. 1 UStG.

B186

Sollbesteuerung:
Ablauf des Voranmeldezeitraumes in dem die Leistungen ausgeführt worden sind.

Istbesteuerung:
Ablauf des Voranmeldezeitraumes in dem die Entgelte vereinnahmt worden sind, § 13 (1) Nr. 1 UStG.

B187

Die Steuer entsteht mit Ablauf des Voranmeldezeitraumes, in dem der Unternehmer die Gegenstände entnommen oder sonstige Leistungen ausgeführt hat, § 13 (1) Nr. 2 UStG.

B188

Die Steuer entsteht mit Ausstellung der Rechnung, spätestens jedoch mit Ablauf des dem Erwerb folgenden Kalendermonats, § 13 (1) Nr. 6 UStG.

B189

1) Unternehmer, § 1 (1) Nr. 1-3, § 14(2)
2) Erwerber, § 1 (1) Nr. 5
3) Abnehmer, § 6a (4)
4) Aussteller der Rechnung § 14 (3)
5) letzte Abnehmer, § 25b (2)

B190

Eine Rechnung muss enthalten:
1) Name u. Anschrift d. leistenden U.
2) Name u. Anschrift d. Leistungsempfängers.
3) Menge u. Bezeichung d. Gegenstandes oder Leistung
4) Zeitpunkt 5) Entgelt 6) Steuerbetrag

B191

Nach § 33 UStDV müssen Rechnungen bis 200 DM mindestens folgende Angaben enthalten:
1. Namen u. Anschrift des Unternehmers
2. Menge u. Bezeichnung des gelieferten Gegenstandes oder Leistung
3. das Entgelt
4. den Steuersatz

B192

Nach § 34 UStDV müssen mindestens enthalten sein:
1) Namen u. Anschrift des Beförderers
2) Entgelt u. Steuerbetrag in einer Summe
3) Steuersatz

B193

Zu hoher Steuerbetrag: Der Unternehmer schuldet auch den Mehrbetrag.

Zu niedrige Steuer: Der Unternehmer schuldet den richtigen Betrag.

Unberechtigter Steuerausweis: Der ausgewiesene Betrag wird geschuldet.

B194

Der Unternehmer kann die ihm von anderen Unternehmern berechnete USt (=Vorsteuer) von seiner zu zahlenden USt abziehen. Es muss sich dabei um Leistungen handeln, die sein Unternehmen betreffen. Ebenso kann auch die EUSt abgezogen werden oder die Steuer f. den innergem. Erwerb.

B195

Werden nur Umsätze ausgeführt, die den VorSt-Abzug nicht zulassen (Ausschlussumsätze), kann auch keine VorSt abgezogen werden. Das sind im Wesentlichen die steuerfr. Umsätze, wenn nicht optiert wurde.

B196

Die VorSt darf vom Leistungsempfänger selbst herausgerechnet werden, wenn die Rechnung die vier Angaben des § 35 UStDV enthält.

B197

Grundsätzlich kann aus den Reisekosten, die im Inland für das Unternehmen getätigt werden, die VorSt abgezogen werden. Der Abzug kann aus Einzelnachweis, Pauschbeträgen oder durch eine Gesamtpauschalierung erfolgen.

B198

Wie bei Kleinbetragsrechnungen kann die VorSt aus dem Gesamtbetrag herausgerechnet werden.

Bei der Entfernung von mehr als 50 km gilt der volle Steuersatz und bei einer Entfernung unter 50 km der ermäßigte Steuersatz.

B199

Es wird die USt nicht nach vereinbarten, sondern nach vereinnahmten Entgelten berechnet. Das ist möglich, wenn der Gesamtumsatz i. vorangeg. KJ. nicht mehr als 250.000 DM betrug u. der U. keine Buchf. o. Bilanz erstellen muss.

B200

Der Unternehmer ist verpflichtet, zur Feststellung der Steuer und der Grundlagen ihrer Berechnung Aufzeichnungen zu führen.
Es müssen im Wesentlichen die Entgelte und die BMG f. den Eigenverbrauch, innergem. Erwerb oder die EUSt aufgezeichnet werden. .

B201

Jahreserklärungen: 1 Monat nach dem Besteuerungszeitraum.

VA: bis zum 10. d. folg. Kl.-Monats bzw. bis zum 10. d. folg. Kl.-VJ.

ZM: wie VA.

B202

Der Unternehmer hat die Zahllast selbst zu berechnen und dem Finanzamt eine Voranmeldung bis zum 10. Tag nach Ablauf des VA-Zeitraumes abzugeben. Der Regel-VA-Zeitraum ist das Kl.-VJ, wenn die Zahllast im vorangegangenen KJ nicht mehr als 12.000 DM betrug.

B203

Je nachdem, ob es sich um einen Monats- oder VJ-Zahler handelt, muss für den entsprechenden VA-Zeitraum bis zum 10. d. Folgemonats gezahlt werden.

Bei Monatszahlern ist eine Dauerfristverlängerung möglich.

B204

Der Unternehmer hat für ein KJ. oder für einen kürzeren Besteuerungszeitraum eine Steuererklärung nach amtlich vorgeschriebenen Vordruck abzugeben, in dem er die Steuer selbst zu berechnen hat, § 18 (3) UStG.

B205

Bei Monatszahlern kann eine Dauerfristverlängerung beantragt werden. Sie wird gewährt mit der Auflage, dass 1/11 der Summe der Vorauszahlungen des Vorjahres als Sonderzahlung entrichtet wird.

B206

Zusammenfassende Meldung, in der die ausgeführten Umsätze für innergem. Warenlieferungen aufgeführt werden, § 18a (1) UStG.

Meldepflichten bei der Lieferung neuer Fahrzeuge, § 18c UStG.

B207

Siehe Steuerspirale Seite 78

B208

EStG
EStDV
ESt-Richtlinien für die Verwaltung
Urteile für die Beteiligten

B209

Die Summe der sieben Einkunftsarten ergibt die Summe der Einkünfte minus dem Altersentlastungsbetrag u. FB f. LuF ergibt den Gesamtbetrag der Einkünfte minus den Sonderausgaben und den außergewöhnl. Belastungen ergibt das Einkommen minus den Kinderfb. u. Haushaltsfb. das zu versteuernde Einkommen.

B210

Die Lohnsteuer und die Kapitalertragsteuer wird direkt an der Quelle (=Quellensteuer) erhoben.

In den übrigen Fällen wird eine Veranlagung durchgeführt.

B211

Natürliche Personen, die im Inland einen Wohnsitz oder ihren gewöhnlichen Aufenthalt haben, sind unbeschränkt einkommensteuerpflichtig, § 1 EStG.

B212

Steuerpflichtige ohne Wohnsitz oder gew. Aufenthalt im Inland sind mit ihren inländischen Einkünften steuerpflichtig, § 49 EStG.

B213

1) Leistungen aus d. KV, PV oder gesetzl. UV
2) Mutterschaftsgeld, Arbeitslosengeld
3) Abfindungen wg. Aufl. Dienstverhältnis
4) Zuschüsse zur KV, PV v. gesetzl. RV
5) Aufwandsentschädig. Übungsleiter bis 2.400 DM
6) Trinkgelder bis 2.400 DM u.a.

B214

Gewinn ist der Unterschiedsbetrag zwischen dem Betriebsvermögen am Schluss des Wirtschaftsjahres und dem Betriebsvermögen am Schluss des vorangegangenen Wirtschaftsjahres, vermehrt um den Wert der Entnahmen und vermindert um den Wert der Einlagen.

B215

Steuerpflichtige, die nicht auf Grund gesetzl. Vorschriften verpflichtet sind Bücher zu führen und keine Abschlüsse machen, können als Gewinn den Überschuss der Betriebseinnahmen über die Betriebsausgaben ansetzen.
(Wichtig besonders f. Freiberufler.)

B216

Lineare AfA § 7 EStG
Degressive AfA § 7 EStG
Sonderafa für kl. u. mittl. Betriebe § 7g
GWG-AfA
Außergewöhnliche AfA wegen technischer oder wirtschaftlicher Abnutzung.

B217

Auf der HÜ kann der Jahresabschluss vorgenommen werden, ohne dass auf den Sachkonten die Abschlussbuchungen vorgenommen werden. Summenbilanz, Saldenbilanz I, Umbuchungsspalte, Saldenbilanz II, Schlussbilanz u. Gewinn- u. Verlustspalte.

B218

Betriebsvermögensvergleich, § 4 (1) u. § 5 EStG
Überschussrechnung, § 4 (3) EStG
Durchschnittssätze für LuF, § 13a EStG
Schätzung, § 162 AO

B219

1) Im EStG ist das BV die Differenz zwischen dem Vermögen und den Schulden gleich dem Eigenkapital.

2) Die Werte aller WG, die ausschließlich und unmittelbar für eigenbetriebliche Zwecke des Stpfl. genutzt werden zuzügl. dem gewillkürten BV.

B220

WG, die nicht zum BV des Stpfl. gehören. Das sind WG, die kein notwendiges BV oder kein gewillkürtes BV darstellen.

WG, die zu mehr als 90 % privat genutzt werden, sind notwendiges Privatvermögen.

B221

Entnahmen dürfen den Gewinn nicht mindern. Sie werden deshalb beim Betriebsvermögensvergleich wieder hinzugerechnet.

B222

Einlagen werden bei der Gewinnermittlung durch Betriebsvermögensvergleich vom Betriebsvermögen abgesetzt, weil sie den Gewinn nicht berühren dürfen.

B223

Betriebseinnahmen sind Einnahmen, die betrieblich veranlasst sind.
(Umkehrschluss zu § 4 (4) EStG)

B224

Betriebsausgaben sind die Aufwendungen, die durch den Betrieb veranlasst sind.

B225

Aufwendungen f. Geschenke über 75 DM
20 % der Bewirtungsaufwendungen
Mehraufw. f. Verpflegung über den PB
Aufw. Fahrten zw. Wohnung u. Betrieb über PB
Aufw. häusl. Arbeitszimmer über 2.400 DM
Aufw. Parteispenden

B226

Das WJ. bzw. KJ. darf 12 Monate nicht überschreiten.
Besonderer Zeitraum für L.u.F.
In das HR eingetragene Kfl. können ein abweichendes WJ haben, für die anderen Gewerbetreibenden ist es das KJ.

B227

a) Land- u. Forstwirte haben per Gesetz ein abweichendes WJ.

b) Kaufleute, deren Firma in das HR eingetragen ist, dürfen ein abweichendes Wirtschaftsjahr haben.

B228

AK sind geleistete Aufwendungen, um einen Vermögensgegenstand zu erwerben u. ihn in einem betriebsbereiten Zustand zu versetzen. Es gehören dazu die Anschaffungsnebenkosten. Die Preisminderungen sind abzusetzen.

B229

HK sind Aufwendungen, die bei der Herstellung eines Vermögengegenstandes entstehen. Es gehören dazu: Materialkosten, Fertigungskosten, SoKo. d. Fert., angemessene Mat.-Gemeinkost., Fert. Gemeinkost., AfA d. AV, Verw.-Gemeinkost. Keine Vertriebsgemeinkosten.

B230

Teilwert ist der Betrag, den ein Erwerber des ganzen Betriebs im Rahmen des Gesamtkaufpreises für das einzelne WG ansetzen würde; dabei ist davon auszugehen, dass der Erwerber den Betrieb fortführt.

B231

Listenpreis Pkw	35.000 DM
+ Nebenkosten	4.000 DM
- Skonti	780 DM
Anschaffungskosten	38.220 DM

B232

Kaufpreis
+ Grunderwerbsteuer
+ Notargebühren f. den Vertrag
+ Grundbuchumschreibegebühren
+ Maklergebühren

B233

*Anschaffungskosten bzw. höherer Teilwert.
Das entspricht dem Nennwert der Verbindlichkeit, d.h. deren Rückzahlungsbetrag.*

Es gilt das Höchstwertprinzip.

B234

*1) Entnahmen für private Zwecke. Sie
werden mit dem Teilwert angesetzt, § 6 (1)
Nr. 4.*

*2) Private Kfz-Nutzung 1 % pro Monat
vom inländischen Listenpreis der
Erstzulassung.*

B235

*Sie werden mit dem Teilwert im Zeitpunkt
der Einlage angesetzt. Die AfA ist zu
berücksichtigen. Beispiel:
Einlage eines Schreibtisches im 2. Jahr
Anschaffungskosten   2.000 DM
- AfA 20 % (linear)   400 DM*

Teilwert   1.600 DM

B236

*Sie können im Jahr der Anschaffung bzw.
der Herstellung in voller Höhe abgesetzt
werden.*

Beispiel: Tischrechner:

*Anschaffungskosten 700 DM plus 16 %
USt. (Der AW liegt unter 800 DM)*

B237

*Gewerbetreibende, die ihren Abschluss
nach den Vorschriften des HGB erstellen
und einen Wertansatz nach diesen
Vorschriften wählen, haben diesen Ansatz
auch in der Steuerbilanz anzusetzen, soweit
nicht eine steuerliche Vorschrift diesen
Ansatz verbietet.*

B238

*Steuerliche Wahlrechte bei der Gewinn-
ermittlung sind in Übereinstimmung mit
der Handelsbilanz auszuüben, § 5 (1) S.2.
Soll eine steuerl. Vergünstigung
ausgenutzt werden, die einen bestimmten
Ansatz verlangt, so ist dieser Wertansatz
auch in der Handelsbilanz anzusetzen.*

B239

*Die Wertansätze in der Eröffnungsbilanz
des Geschäftsjahres müssen mit denen der
Schlussbilanz des vorhergehenden Geschäftsjahres übereinstimmen, § 252 (1) Nr.
1 HGB.*

B240

*Bei der Bewertung ist von der Fortführung
der Unternehmertätigkeit auszugehen,
sofern dem nicht tatsächliche oder
rechtliche Gegebenheiten entgegenstehen
(Going-Concern-Prinzip), § 252 (1) Nr. 2
HGB.*

B241

Die Vermögensgegenstände und Schulden sind zum Abschluss-Stichtag einzeln zu bewerten.

Zum Beispiel: Ein Fuhrunternehmer unterhält 8 Lkw's. Es ist jedes Fahrzeug einzeln zu bewerten.

B242

Ein Kaufmann darf sich durch den gewählten Wertansatz in der Bilanz nicht reicher machen, als er ist, d.h. dass bei dem Wertansatz des Vermögens der niedrigere Wert und bei den Schulden im Zweifel der höhere Wert angesetzt werden muss (Imparitätsprinzip=Ungleichheitsprinzip).

B243

Aufwendungen und Erträge des Geschäftsjahres sind unabhängig von den Zeitpunkten der entsprechenden Zahlungen im Jahresabschluss zu berücksichtigen, § 252 Nr. 5 HGB. Es gilt das Verwendungsprinzip, d.h. es muss wirtschaftlich zugeordnet werden.

B244

Die auf den vorhergehenden Jahresabschluss angewandten Bewertungsmethoden sollen beibehalten werden, § 252 Nr. 6 HGB.

Ein gewähltes Bewertungsverfahren ist beizubehalten, wenn nicht wirtschaftliche Gründe dagegen sprechen.

B245

Die Anschaffungs- bzw. Herstellungskosten werden auf die Gesamtdauer der Verwendung oder Nutzung verteilt, § 7 (1) EStG.

B246

Ein Lkw wird nach seiner Leistung, d. h. den tatsächlich nachgewiesenen gefahrenen Kilometern abgeschrieben. Der Wert pro Km ergibt sich, wenn der Kaufpreis durch die möglichen zu fahrenden Gesamtkilometer geteilt wird.

B247

a) Bei bewegl. WG ergibt sich die Degression durch die Anwendung des unveränderten Hundertsatzes auf den Rest- bzw. Buchwert.
b) Bei Gebäuden ergibt sich die Degression durch die Anwendung fallender Hundertsätze auf den AW bzw. HW.

B248

Von Bedeutung ist f. kl. u. mittl. Betriebe die Sonderafa n. § 7g EStG. Neben der linearen oder degressiven AfA kann auf ein neues WG in einem Zeitraum von 5 Jahren 20 % zusätzl. abgeschrieben werden.

33

B249

Für Gebäude, die nach dem 31.12.1924 fertiggestellt wurden beträgt sie 2 % p.a. vom Anschaffungs- bzw. Herstellungswert. Für ältere Gebäude 2,5 %.

B250

Ist der Stpfl. Bauherr oder er gilt als solcher, wenn er im Jahr der Fertigstellung das Gebäude erwirbt, dann kann er das Gebäude degressiv abschreiben, wenn es fremdgenutzt wird. Die degressive AfA ist eine Jahres-AfA. Die Höhe der AfA-Sätze richtet sich nach dem Datum des Bauantrages.

B251

Beträgt die Nutzungsdauer eines Gebäudes weniger als 25, 50 bzw. 40 Jahre, so können höhere AfA-Sätze in Anspruch genommen werden, § 7 (4) S. 2.

B252

Der Firmenwert kann in der Handelsbilanz innerhalb von 5 Jahren oder planmäßig abgeschrieben werden (15 Jahre) § 255 (4) HGB. In der Steuerbilanz ist nur eine AfA auf 15 Jahre möglich, § 7 (1) S. 3 EStG.

B253

Absetzungen für außergewöhnliche technische AfA sind zulässig, § 7 (1) S. 5 EStG.

Beispiel: Ein Betrieb arbeitet in zwei Schichten. Die Anlagen werden deshalb stärker beansprucht.

B254

Absetzungen für außergewöhnliche wirtschaftliche Abnutzungen sind zulässig, § 7 (1) S. 5 EStG.

Beispiel: Ein Computer veraltet durch den technischen Fortschritt.

B255

§ 2 (1) EStG:
   Einkünfte aus nichtselbst. Arbeit
   Einkünfte aus Kapitalvermögen
   Einkünfte aus V.u.V.
   Einkünfte i. S. § 22 EStG
§ 4 (3)
   Für bestimmte Gewerbetreibende und Freiberufler

B256

Einnahmen sind alle Güter, die in Geld oder Geldeswert (=Sachgüter) bestehen. Sachgüter sind mit den üblichen Endpreisen am Abgabeort anzusetzen. Für betrieb. Pkw's, die privat genutzt werden, gilt die 1 %-Regel. Dieser Wert kann sich auf 0.03 % bzw. 0.02 % erhöhen.

B257

Werbungskosten sind Aufwendungen zur Erwerbung, Sicherung und Erhaltung der Einnahmen.

Typische Beispiele sind: Schuldzinsen, Beiträge zu Berufsverbänden, Fahrten zur Arbeitsstätte, Arbeitsmittel, Absetzung für Abnutzung u.a.

B258

Werbungskosten müssen grundsätzlich belegt werden und in einem objektiven Zusammenhang zu den jeweiligen Einnahmen stehen, können jedoch bei Arbeitnehmern subjektiv veranlasst sein, das heißt der Stpfl. trifft die Entscheidung über die Ausgaben.

B259

Eink. a. nichtselbständiger Arbeit: 2.000 DM AN-Pauschbetrag.
Eink. a. Kapitalvermögen: 100 DM bzw. 200 DM.
Eink. i. S. § 22 Nr. 1 u 1a: 200 DM.
Eink. a. V.u.V: 42 DM/qm Wohnfläche (bis 1998).

B260

Zufluss- bzw. Abflussprinzip, d.h. Einnahmen bzw. Ausgaben sind dem KJ. zuzurechnen in dem sie zugeflossen bzw. abgeflossen sind.
Ausnahme: Regelmäßig wiederkehrende Einnahmen bzw. Ausgaben. Es gilt die wirtschaftliche Zuordnung innerhalb der 10-Tage-Regel.

B261

a) Ausgaben des Stpfl. und der Unterhalt seiner zu seinem Haushalt gehörenden Familienangehörigen (Essen, Wohnen, Repräsentationsaufwendungen).

b) Steuern v. Eink./Personen-St/USt/EV.

c) Festgesetzte Geldstrafen.

B262

Das EStG unterscheidet (§ 13):

Betrieb von Landwirtschaft, Forstwirtschaft, Einkünfte aus Tierzucht u. Tierhaltung, Binnenfischerei, Teichwirtschaft, Imkerei, Wanderschäferei, Jagd.

B263

Land- und Forstwirtschaft ist die planmäßige Nutzung der natürlichen Kräfte des Bodens zur Erzeugung von Pflanzen und Tieren sowie die Verwertung der dadurch selbstgewonnenen Erzeugnisse. Dazu gehört auch der Absatz dieser Erzeugnisse. Ein Zukauf fremder Güter ist bis 30 % des Umsatzes möglich.

B264

Eine selbständige nachhaltige Betätigung, die mit der Absicht, Gewinn zu erzielen, unternommen wird u. sich als Beteiligung am allgemeinen wirtschaftlichen Verkehr darstellt, ist Gewerbebetrieb, wenn keine Land- u. Forstwirtschaft oder selbständige Arbeit vorliegt.

B265

Die Gewinne aus gewerblicher Einzelunternehmung (§ 15 (1) Nr. 1 EStG) werden dem Unternehmer zugerechnet. Er bezieht dann Einkünfte aus Gewerbebetrieb. Dazu gehören Handwerks-, Einzelhandels- u. Großhandels- u. Industriebetriebe, Handelsvertreter u. Handelsmakler.

B266

Gewinne u. Gewinnanteile (auch von Mitunternehmern) aus einer OHG, KG, atypische stille Gesellschaft, § 15 (1) Nr. 2. Es gehören auch die Vergütungen, Zinsen und Mieten dazu, die der Gesellschafter von der Gesellschaft empfängt.

B267

Merkmale sind: Selbständig und nachhaltige Tätigkeit. Gewinnerzielungsabsicht, Beteiligung am wirtschaftlichen Verkehr, persönlicher Arbeitseinsatz.

Beispiele: Schriftsteller, Ärzte, Rechtsanwälte, Steuerberater, Heilpraktiker, Dolmetscher u.a.

B268

Der § 18 EStG nennt den sogenannten Berufekatalog der freien Berufe.

Voraussetzung ist, dass auf Grund eigener Fachkenntnisse die Tätigkeit leitend und eigenverantwortlich ausgeübt wird.

B269

Arbeitnehmer sind Personen, die in einem Dienstverhältnis stehen. Sie sind weisungsgebunden und schulden ihre Arbeit ihrem Dienstherrn, (§ 1 LStDV).

B270

Gehälter, Löhne, Gratifikationen, Tantiemen, andere Bezüge aus einem bestehenden Dienstverhältnis und auch aus einem früheren Dienstverhältnis, wie Warte u. Ruhegelder, Witwen- u. Waisengelder oder sonstige Bezüge, § 19 (1) EStG.

B271

Zum Arbeitslohn gehört der Bruttoarbeitslohn, Löhne und Gehälter usw., aber auch Sachbezüge, Lohnzuschläge, Trinkgelder, Entschädigungen, Vergütungen für Fahrten zw. Wohnung u. Arbeitsstätte.

B272

Werbungskosten sind Aufwendungen zum Erwerb, Sicherung und Erhalt der Einnahmen.
a) Aufw. Fahrten Wohnung/Arbeitsstätte.
b) Gewerkschaft/Beiträge Berufsverb.
c) Sonstige WK: Arbeitsmittel, Fachlit.
d) Aufwendungen wegen dopp. HH.

B273

§ 19 (2) EStG: Versorgungsfreibetrag, höchstens 6.000 DM.

B274

Erträge aus der Beteiligung an einer juristischen Person (Dividenden einer AG, Gewinnanteile einer GmbH).

Einnahmen aus typ. stiller Gesellschaft, Zinsen aus Kapitalforderungen.

B275

Die Gewinnanteile oder Erträgnisse fließen Nichtunternehmern zu. Ist der Steuerpflichtige Mitunternehmer, so bezieht er Einkünfte aus Gewerbebetrieb.

B276

§ 20 (4) = Sparerfreibetrag 6.000 DM.

Bei der Zusammenveranlagung kann der Rest des Freibetrages, der bei dem einen Ehegatten nicht voll ausgenutzt wurde, auf den anderen Ehegatten übertragen werden.

B277

Einkünfte aus V.u.V. sind Einkünfte aus V.u.V. von unbeweglichem Vermögen, insbesondere von Grundstücken, Gebäuden, Gebäudeteilen, Schiffen (die in ein Schiffsreg. eingetragen sind), Erbbaurechten, Mineralgewinnungsrechten, § 21 (1) Nr. 1 EStG.

B278

Vermietet ein Unternehmen im Rahmen seines Betriebes, so handelt es sich um Einkünfte aus Gewerbebetrieb. Auch die Beherbergungen (Vermietung von Hotelzimmern) sind Einkünfte aus Gewerbebetrieb.

B279

Mieteinnahmen für Wohnungen, Mieteinnahmen für nicht Wohnzwecken dienenden Räumen (z.B. Lager). Einnahmen aus Umlagen (Wasser, Strom, Heizung). Mieteinnahmen für Garagen usw.

B280

a) Schuldzinsen
b) lfd. Kosten: GrundSt, Versicherungen, Schornsteinfeger, Kanal-, Wasser-, Stromkosten
c) Reparaturaufwendungen
d) Abschreibungsbeträge

B281

Die sonstigen Einkünfte i.S. § 22 sind abschließend aufgezählt. Es handelt sich um a) wiederkehrende Bezüge, b) Unterhaltsleistungen, c) Spekulationsgewinne, d) gelegentliche Vermittlung oder Vermietung beweglicher Gegenstände, d) Abgeordnetenbezüge.

B282

Es sind Bezüge, die in gewissen Zeitabständen dem Steuerpflichtigen zufließen. Sie brauchen nicht stets in derselben Höhe geleistet zu werden. (Abschnitt 165 EStRl.)

B283

Überschüsse bzw. Verluste aus dem Kauf und Verkauf von Grundstücken innerhalb von 2 Jahren oder anderen Wirtschaftsgütern (Wertpapieren) innerhalb von 6 Monaten, bis 999,99 DM bleiben sie steuerfrei (Freigrenze).

B284

Die Summe der Einkünfte ergibt sich durch die Addition der sieben Einkünfte, § 2 (1) u. (2) EStG.

B285

Altersentlastungsbetrag ist ein Betrag von 40 % des AL u. der positiven Summe der Einkünfte, die nicht solche aus nichtselbständiger Arbeit sind, höchstens jedoch insgesamt ein Betrag von 3.720 DM i. KJ. Ohne Vers.-Bezüge § 19 (2) EStG u. Leibrenten.

B286

2.000/4.000 DM, wenn das Einkommen ohne Berücksichtigung des FB 50.000 DM nicht übersteigt.

B287

Betriebsausgaben und Werbungskosten gehen den Sonderausgaben vor. Die Sonderausgaben sind abschließend aufgezählt.

B288

Sonderausgaben dürfen keine Betriebsausgaben oder Werbungskosten sein, (§ 10 (1) EStG). Sie sind abschließend im Gesetz aufgezählt. Sie gliedern sich in die unbeschränkt abzugsfähigen SA und die beschränkt abzugsfähigen SA. Aufw. i.S. § 10e und § 10d (Verlustabzug) werden wie SA behandelt.

B289

Beiträge zu Kranken-, Pflege-, Unfall-, und Haftpflichtversicherungen, zu gesetzl. Renten- und Arbeitslosenversicherung. Versicherungen auf den Erlebens- und Todesfall. Beiträge zu einer zusätzlichen freiwilligen Pflegeversicherung. § 10 (1) Nr. 2 EStG.

B290

Sonderausgaben, die keine Vorsorge-aufwendungen sind: Unterhaltszahlungen an den geschiedenen od. dauernd getrennt lebenden Ehegatten, Aufw. für die Berufsausbildung in einem nicht ausgeübten Beruf, Aufw. eines haus-wirtschaftl. Beschäftigungsverhältnisses, Schulgeld, Spenden.

B291

Es handelt sich um mildtätige, kirchliche, religiöse, wissenschaftliche oder gemeinnützige Spenden. Spenden für besonders förderungswürdige Zwecke werden mit zwei mal 5 % vom Gesamtbetrag der Einkünfte begünstigt.

B292

Arbeitnehmer erhalten eine Vorsorge-pauschale, wenn sie nicht höhere Aufwendungen für Versorgungsauf-wendungen nachweisen können, § 10c EStG.

B293

Für Sonderausgaben, die keine Vorsorgeaufwendungen sind, kann ein Pauschbetrag in Höhe von 108/216 DM abgezogen werden, wenn nicht höhere Aufwendungen nachgewiesen werden.

B294

Die sogenannte Vorkostenpauschale von 3.500 DM kann in Anspruch genommen werden, wenn eine Eigenheimzulage in den ersten drei Jahren nach Anschaffung bzw. Herstellung für eine Wohnung beantragt wird.

B295

Erwachsen einem Stpfl. zwangsläufig größere Aufw. als der überwiegenden Mehrzahl der Steuerpflichtigen gleicher Einkommensverhältnisse, gl. Vermögens-verhältnisse und gl. Familienstandes.... Zwangsläufig: Der Stpfl. kann sich den Aufwendungen wegen rechtl., tatsächl. oder sittl. Gründen nicht entziehen.

B296

Vom Gesamtbetrag d. Einkünfte wird ein bestimmter Prozentsatz nach der Übersicht des § 33 (3) EStG berechnet. Dieser Prozentsatz, die zumutbare Belastung, darf die BMG nicht mindern. Erst der übersteigende Betrag ist als agB. absetzbar.

B297

Es handelt sich um:

Unterhaltsaufwendungen, § 33a (1)
Ausbildungsfreibeträge, § 33a (2)
Aufw. einer Haushaltshilfe, § 33a (3)
Pauschbetrag f. behinderte Pers., § 33 b
Kinderbetreuungskosten für Alleinstehende,
§ 33c

B298

Verluste, die bei der Ermittlung des Gesamtbetrages der Einkünfte nicht ausgeglichen wurden, können in das vorletzte (2 Jahre zurück) übertragen werden, dann in das letzte Jahr (1 Jahr zurück) oder in die Folgejahre vorgetragen werden.

B299

Im steuerlichen Sinn sind Kinder:

1. im ersten Grad mit dem Stpfl. verwandte Kinder, 2. Pflegekinder, das sind Kinder, zu denen das Obhuts- u. Pflegeverhältnis zu den leibl. Eltern nicht mehr besteht u. die der Stpfl. auf seine Kosten unterhält u. in seinem HH aufgenommen hat.

B300

a) bis vollendet 18. LJ. stets Kind.
b) 18. - 21. LJ., wenn arbeitslos.
c) bis 27. LJ., wenn in Ausbildung.
d) über 27. LJ., wenn behindert und außerstande ist, sich selbst zu unterhalten.

B301

Kinder werden der Mutter oder dem Stpfl. zugeordnet, in dessen Wohnung sie gemeldet sind, § 32 (7) EStG.

B302

Es kann entweder das Kindergeld oder der Kinderfreibetrag in Anspruch genommen werden. Das Kindergeld beträgt ab 1.1.97 220 DM für das erste u. zweite Kind, für das dritte 300 DM u. jedes weitere 350 DM. Der Kinderfreibetrag beträgt mtl. 288 DM.

B303

Alleinstehende mit mindestens einem Kind erhalten einen Haushaltsfreibetrag in Höhe von 5.616 DM, § 32 (7) EStG.

B304

Veranlagung ist das förmliche Verfahren, in dem die Besteuerungsgrundlagen festgestellt und die zu zahlende Steuer festgesetzt werden. Für die ESt bedeutet das, dass der Stpfl. eine Steuererklärung abzugeben hat u. diese eigenhändig unterschreiben muss.

B305

Steuerpflichtige sind grundsätzlich einzeln zu veranlagen. Es handelt sich um Ledige, Verwitwete, Geschiedene, dauernd getrennt lebende Ehegatten oder Ehegatten, von denen einer nicht unbeschränkt steuerpflichtig ist.

B306

Zusammenveranlagung, § 26c.
Getrennte Veranlagung, § 26a.
Besondere Veranlagung im Jahr der Eheschließung, § 26c.

B307

Es gibt den Grundtarif und den Splittingtarif (für Ehegatten).

Bis 12.095 DM bleibt das zu verst. Einkommen steuerfrei (Grundfreibetrag), dann verläuft der Tarif in zwei Zonen linearprogressiv. Ab 120.000 DM verläuft er konstant (obere Proportionalzone).

B308

Ist anzuwenden für Ledige, verwitwete Stpfl. (ab dem 2. Jahr), geschiedene Stpfl., Ehegatten, die getrennt veranlagt werden oder die die besondere Veranlagung im Jahr der Eheschließung wählen.

B309

Wird für Ehegatten angewendet. Das gemeinsame zu versteuernde Einkommen wird halbiert. Der Steuersatz, der sich für die Hälfte nach dem Grundtarif ergibt, wird dann verdoppelt. Dieses Verfahren mildert die Progression.

B310

Bezieht der Stpfl. bestimmte steuerfreie Einnahmen (§ 32b EStG), so werden diese Einnahmen bei der Besteuerung der zu versteuernden Einnahmen mit herangezogen, um einen besonderen Steuersatz zu ermitteln für die steuerpflichtigen Einkünfte.

B311

Für gewerbliche Einkünfte ist der Steuerhöchstsatz auf 47 % gesenkt worden. Bei außerordentlichen Einkünften, wie Veräußerungsgewinnen, Entschädigungen, ist ein ermäßigter Steuersatz anzuwenden.

B312

Der Stpfl. hat am 10.3., 10.6., 10.9. und 10.12. Vorauszahlungen auf die ESt zu entrichten, die er für den laufenden Veranlagungszeitraum voraussichtlich schulden wird, § 37 (1) EStG.

B313

Bei der Abrechnung der ESt im ESt-Bescheid wird die von dem Arbeitgeber einbehaltene und auf der Lohnsteuerkarte bescheinigte Lohnsteuer wie eine Vorauszahlung berücksichtigt und vermindert die festzusetzende ESt.

B314

Sind Einkünfte aus Kapitalvermögen mit Körperschaftsteuer belastet worden, kann die KSt als Vorauszahlung bei der festzusetzenden ESt angerechnet werden, weil die Eink. a. Kap.-Verm. mit dem Bruttobetrag bei der ESt angesetzt werden (sog. Anrechnungsverfahren).

B315

Die ESt fordert den Ansatz der Bruttobeträge bei den Eink. a. Kap.-Vermögen. Um eine Doppelbesteuerung zu vermeiden, kann eine zuvor in Abzug gebrachte Kap-ErtragSt bei der festzusetzenden ESt wie eine Vorauszahlung berücksichtigt werden.

B316

Der Arbeitgeber hat die Lohnsteuer für Rechnung des Arbeitnehmers bei jeder Lohnzahlung vom Arbeitslohn einzubehalten, § 38 (3) EStG.

B317

Bei Einkünften aus nichtselbständiger Arbeit wird die ESt durch Abzug vom Arbeitslohn erhoben (LSt), soweit der Arbeitslohn von einem Arbeitgeber gezahlt wird.

B318

Stkl. 1: Ledige, Verwitw, Geschied., dauernd getr. lebende Stpfl.
Stkl. 2: Alleinstehende mit Kind
Stkl. 3: Ehegatte
Stkl. 4: Für beide berufst. Ehegatten
Stkl. 5: Wenn ein Eheg. die Stkl. 3 hat
Stkl. 6: Stpfl., die nebeneinander von mehreren AG AL erhalten.

B319

Die allgemeine LSt-Tabelle ist für Stpfl. anzuwenden, bei denen die Vorsorgepauschale nicht gekürzt wird. Die besondere LSt-Tabelle gilt für AN, bei denen die Vorsorgepauschale gekürzt wird (z.B. Beamte).

B320

Arbeitnehmer sind verpflichtet, sich vor Beginn des Dienstverhältnisses bei der zuständigen Gemeinde eine LSt-Karte zu besorgen und dem AG vorzulegen. Der AG hat den gezahlten Lohn und die entstehenden Abzüge auf dieser Karte einzutragen.

B321

Hat ein Stpfl. größere Aufwendungen für die Erzielung seiner Einkünfte aus nichtselbst. Arbeit oder andere Ausgaben, die seine ESt beeinflussen werden, so kann er auf Antrag einen Freibetrag auf der LSt-Karte eintragen lassen. Wirkung: Verminderung des LSt-Abzugs durch den Arbeitgeber.

B322

1. für kurzfristig Beschäftigte, § 40a (1)
2. geringfügig Beschäftigte, § 40a (2)

B323

AN werden nicht veranlagt, wenn die estpfl. Einkünfte, die nicht dem Steuerabzug vom AL zu unterwerfen sind....nicht mehr als 800 DM betragen. Es wird veranlagt, wenn der AN Arbeitslohn von mehreren AG erhalten hat, wenn ein Eheg. die Stkl. 4 oder 5 hatte, wenn ein FB eingetragen war, § 46 (1) EStG.

B324

Siehe Steuerspirale Seite 78

B325

StG
KStG
KStDV
KStRL für die Finanzverwaltung
Urteile für die Beteiligten

B326

Juristische Personen, die im Inland ihre Geschäftsleitung oder ihren Sitz haben, sind unbeschränkt kst-pflichtig.

Juristische Personen ohne Geschäftsleitung oder Sitz im Inland sind beschränkt kst-pflichtig mit ihren inländischen Einkünften.

B327

Z.B: Deutsche Post AG
Deutsche Postbank AG
Deutsche Telekom AG
Deutsche Bundesbank
Kreditanstalt f. Wiederaufbau

B328

Das zu versteuernde Einkommen unterscheidet sich von dem Begriff aus der ESt dadurch, dass bei juristischen Personen keine persönlichen Verhältnisse berücksichtigt werden. Es gibt keine Sonderausgaben oder außergewöhnliche Belastungen. Bei der Bewertung sind jedoch die Vorschriften der ESt zu berücksichtigen.

B329

Überschuss nach HGB +/- Korrekturen n. estl. Vorschriften = Gewinn/Verlust lt. Steuerbilanz +/- Korrekturen n. kstl. Vorschriften + verdeckte Gewinnaus-schüttungen + sämtl. Spenden + abzügl. Spenden + nichtabzugsf. Aufw. = Gesamtbetrag d. Eink. - Verlustabzug = Einkommen - FB = zu verst. Einkommen.

B330

Für Gewinne, die nicht ausgeschüttet werden, entsteht eine Tarifbelastung (= Steuerbelastung) in Höhe von 45 %.

B331

Gewinne, die an die Anteilseigner ausge-schüttet werden, werden mit einer KSt in Höhe von 30 % belastet (= Aus-schüttungsbelastung).

B332

Einbehaltene Gewinne werden zunächst mit 45 % KSt belastet. Werden die Gewinne später ausgeschüttet, so ist eine Ausschüttungsbelastung in Höhe von 30 % herzustellen. Die Körperschaft erhält deshalb eine Gutschrift, wenn sie versteuerte Gewinne ausschüttet.

B333

Nach dem Wegfall der Vermögensteuer und der Gewerbekapitalsteuer hat das Bewer-tungsgesetz noch Bedeutung für die Grundsteuer und die Erbschaftsteuer.

B334

*BewG
Das BewG ist ein allgemeines Gesetz. Es geht den Einzelsteuergesetzen vor. Das heißt: Werden in den Einzelsteuergesetzen nicht andere (spezielle) Vorschriften genannt, gelten die Vorschriften des BewG.*

B335

Im ersten Teil des BewG sind die allgemeinen Bewertungsvorschriften ge-nannt, die dann angewandt werden, wenn die Einzelsteuergesetze oder die besonderen Bewertungsvorschriften des BewG keine gesonderten Vorschriften enthalten.

B336

Die besonderen Bewertungsvorschriften sind nach Maßgabe der Einzel-steuergesetze anzuwenden. Sie spielen bei der Gund- und Gewerbesteuer eine Rolle.

B337

Unter wirtschaftlicher Einheit ist der Bewertungsgegenstand zu sehen, der nach der Verkehrsauffassung, der örtlichen Gewohnheit oder der Zweckbestimmung als eine Einheit aufzufassen ist.

B338

Der gemeine Wert (oder Verkehrswert) ist der Wert, der im Zeitpunkt der Bewertung auf dem Markt erzielt werden könnte. (Einkaufs- bzw. Veräußerungspreis)

B339

Kurswert ist der niedrigste am Stichtag notierte Kurs an einer deutschen Börse.

B340

Nennwert (oder Nominalwert) ist der auf einem Wertpapier aufgedruckte Geldbetrag.

B341

Kapitalwert ist der ab- bzw. aufgezinste Wert auf einen Zeitpunkt, an dem die Leistung erfolgen soll.

B342

Ist der Wert, der in der Steuerbilanz angesetzt wird.

Die zu einem Gewerbebetrieb gehörenden WG sind seit dem 1.1.93 grundsätzlich mit diesem Wert anzusetzen. Ausnahme: Grundstücke mit dem EHW, Wertpapiere mit dem Kurswert.

B343

Ein Gebäude ist ein Bauwerk, das Menschen oder Sachen durch räumliche Umschließung Schutz gegen Witterungseinflüsse gewährt, den Aufenthalt von Menschen gestattet und fest mit dem Grund und Boden verbunden ist.

B344

Zum Grundvermögen gehören:

1. Grund u. Boden, die Gebäude, Zubehör
2. Erbbaurechte
3. Wohneigentum oder Teileigentum

45

B345

Es handelt sich um Grundstücke, auf denen sich keine benutzbaren (bezugsfertigen) Gebäude befinden, § 74 BewG.

B346

Das sind Grundstücke, auf denen sich benutzbare (bezugsfertige) Gebäude befinden, § 74 BewG.

B347

Der Betrieb der Land- und Forstwirtschaft ist die wirtschaftliche Einheit des land- und forstwirtschaftlichen Vermögens.

Er teilt sich auf in einen Wirtschafts- und in einen Wohnteil.

B348

Einheitswerte sind steuerliche Werte, die für andere Werte eine Bedeutung haben. Die EHW für Grundstücke haben für die Grundsteuer oder Gewerbesteuer eine Bedeutung.

B349

Der EHW der Betriebsgrundstücke wird um 40 % erhöht und wird bei der Feststellung des Betriebsvermögens und für die Gewerbe steuer herangezogen.

B350

Zum Betriebsvermögen gehört das notwendige Betriebsvermögen, das dem Betrieb stets dient. Wirtschaftsgüter sind zum Betriebsvermögen zu rechnen, wenn sie mehr als 50 % dem gewerblichen Betrieb dienen.

B351

Die EHW werden alle sechs Jahre allgemein den Wertverhältnissen angepasst (Hauptfeststellungszeitpunkt).

B352

Eine Wertfortschreibung ist durchzuführen, wenn bestimmte Wertgrenzen überschritten sind, also sich Abweichungen zu dem vorhergehenden Wert ergeben, die eine Toleranzgrenze überschreiten.

B353

Weicht die Nutzung eines Gegenstandes von der Feststellung der letzten Einheitsbewertung ab, so ist eine Artfortschreibung durchzuführen.

B354

Eine Zurechnungsfortschreibung ist durchzuführen, wenn der Gegenstand der Einheitsbewertung einen anderen Steuerpflichtigen zuzurechnen ist, § 22 (2) BewG.

Z.B: Kauf oder Verkauf eines Grundstücks.

B355

Wird zum Beispiel bei einer Betriebseröffnung vorgenommen (Zeitpunkt ist der Beginn des Kalenderjahres), wenn in diesem Jahr keine Hauptfeststellung vorgenommen wird.

B356

Bodenwert
+ Wert evtl. vorhandener Außenanlagen

= Gemeiner Wert
* Abrundung auf volle 100 DM*
= EHW

B357

Bebaute Grundstücke sind Grundstücke, auf denen sich benutzbare Gebäude befinden. Wird ein Gebäude in Bauabschnitten errichtet, so ist der fertiggestellte und bezugsfertige Teil als benutzbares Gebäude anzusehen (§ 74 BewG).

B358

Das Betriebsvermögen umfasst alle Teile eines Gewerbebetriebs im Sinne des § 15 Abs. 1 und 2 EStG, die bei der steuerlichen Gewinnermittlung zum Betriebsvermögen gehören, § 95 Abs. 1 BewG.

B359

Siehe Baustein B358

B360

Zum Betriebsvermögen gehören alle wirtschaftlichen Teile eines Gewerbebetriebes.

B361

Sind seit dem Jahressteuergesetz 1997 entfallen.

B362

Unter Rohvermögen versteht man die Summe der positiven Vermögensgegenstände, d.h. ohne die Schulden und Lasten.

Seit dem Jahressteuergesetz 1997 ist dieser Wert nicht mehr von Bedeutung.

B363

Alle Verbindlichkeiten des Betriebes.

Sie sind grundsätzlich mit dem Nennwert anzusetzen.

B364

Bedeutendste Einnahmequelle der Gemeinden.

Siehe Steuerspirale Seite 78

B365

Siehe Steuerspirale Seite 78

B366

GewStG
GewStDV
GewStRL binden die Verwaltung
Urteile für die Beteiligten

B367

Das Betriebsfinanzamt stellt diese Besteuerungsgrundlagen fest (Steuermessbetrag und Zerlegung). Es ergeht ein eigener Bescheid hierüber. Die Gemeinden sind hebeberechtigt. Auf der Grundlage der Feststellungsbescheide stellen sie den GewSt-Bescheid fest.

B368

Gewinn aus Gewerbebetrieb
+ Hinzurechnungen
- Kürzungen
- Gewerbeverluste aus Vorjahren
- Freibetrag
* Steuermesszahl
= Steuermessbetrag
* Hebesatz
= Gewerbesteuer

48

B369

Der Gewerbesteuer unterliegt jeder stehende Gewerbebetrieb, soweit er im Inland betrieben wird, § 2 (1) GewStG.

B370

Steuerschuldner ist der Unternehmer, § 5 (1) GewStG.

B371

Z.B: Deutsche Post AG
    Deutsche Postbank AG
    Deutsche Telekom AG
    Deutsche Bundesbank
    Kreditanstalt f. Wiederaufbau

B372

Ausgangswert ist der Gewerbeertrag. Es ist der nach den Vorschriften des EStG oder des KStG zu ermittelnde Gewinn aus Gewerbebetrieb, § 7 GewStG.

B373

1. Hälfte der Dauerschulden
2. Renten und dauernde Lasten
3. Gewinnanteile d. stillen Gesellschafters
3. Hälfte bestimmter Miet- u. Pachtaufw.
4. Anteile am Verlust v. Personengesell.
5. Spenden bei Körperschaften

B374

1. 1,2 % d. EHW d. Betriebsgrundstücke
2. Gewinnanteile an Personengesell.
3. Hälfte bestimmter Miet- u. Pachterträge
4. Spenden bei allen Gewerbebetrieben
5. Gewerbeverlust (§ 10a)

B375

Verluste aus vorangegangenen Erhebungs- zeiträumen können verrechnet werden. Es ist nur ein Verlustvortrag möglich, im Gegensatz zur ESt. § 10a GewStG

B376

a) Bei natürlichen Personen (Einzel- gewerbetreibende) und Personengesell- schaften (OHG, KG) ein Freibetrag von insgesamt 48.000 DM (nicht pro Gesellschafter).

b) Bestimmte jur. Personen erhalten einen Freibetrag von 7.500 DM.

49

B377	B378

Bei natürlichen Pers. u. Personengesell.
Staffelform: Erste   24.000 DM = 1 %
Zweite 24.000 DM = 2 %
Dritte 24.000 DM = 3 %
Vierte 24.000 DM = 4 %
Restlicher Betrag = 5 %

alle übrigen Gewerbetreibenden = 5 %

Der Steuermessbetrag ergibt sich durch die Multiplikation von Steuermesszahl und dem gerundeten Gewerbeertrag, § 11 (1) GewStG.

B379	B380

Die Steuer wird auf Grund des Steuermessbetrags mit einem Hundertsatz (Hebesatz) festgesetzt und erhoben, der von der hebeberechtigten Gemeinde zu bestimmen ist, § 16 (1) GewStG.

Der Steuermessbetrag wird mit dem Hebesatz multipliziert.

B381	B382

1. Bei der Ermittlung der GewSt-Rückstellung werden die geleisteten Vorauszahlungen dem vorläufigen Gewinn zugeschlagen.

2. Bei der Ermittlung der Steuerschuld werden die Vorauszahlungen angerechnet.

Die für einen Erhebungszeitraum entrichteten Vorauszahlungen werden auf die Steuerschuld für den Erhebungszeitraum angerechnet, § 20 GewStG.

B383	B384

Unterhält ein Gewerbebetrieb in mehreren Gemeinden Betriebsstätten, so kann jede Gemeinde anteilmäßig die GewSt beanspruchen. Die BMG, der Steuermessbetrag, ist deshalb aufzuteilen.

Der Steuermessbetrag wird auch zerlegt, wenn sich die Betriebsstätte über mehrere Gemeinden erstreckt oder innerhalb eines Erhebungszeitraumes in eine andere Gemeinde verlegt worden ist.

B385

Zerlegungsmaßstab ist das Verhältnis, in dem die Summe der Arbeitslöhne, die an die bei allen Betriebsstätten beschäftigten Arbeitnehmern gezahlt worden sind, zu den Arbeitslöhnen steht, die an die bei der Gemeinde beschäftigten Arbeitnehmer gezahlt wurden, zuzüglich Unternehmerlohn von 50.000 DM.

B386

Auf den vorläufigen Steuermessbetrag wird der Hebesatz angewendet. Es ergibt sich die vorläufige GewSt. Davon werden fünf Sechstel berechnet. Von diesem Betrag werden die geleisteten Vorauszahlungen abgezogen. Es ergibt sich die GewSt-Rückstellung.

B387

Der Steuermessbescheid wird vom Betriebsfinanzamt festgesetzt und evtl. zerlegt. Der Steuermessbetrag ist die Grundlage für die Berechnung der GewSt. Der Feststellungsbescheid wird der Gemeinde vom Finanzamt zugeschickt.

B388

Der Zerlegungsbescheid wird vom Betriebsfinanzamt festgestellt und nennt die Teile des Steuermessbetrages, die auf die hebeberechtigte Gemeinde entfällt.

B389

Auf der Grundlage des vom Finanzamt festgesetzten Steuermessbescheides erstellt die Gemeinde den GewSt-Bescheid.

B390

Gegen den Feststellungsbescheid über Steuermessbetrag kann Einspruch eingelegt werden.

Gegen den GewSt-Bescheid der Gemeinde kann Widerspruch erhoben werden.

B391

Die sachliche Zuständigkeit der Finanzbehörden richtet sich, soweit nicht anderes bestimmt ist, nach dem Gesetz über die Finanzverwaltung. Oberste Behörden = Finanzminister, Oberbehörden = Bundesmonopolverw. f. Branntwein, Mittelbehörden = Oberfinanzdirektionen, Örtl. Behörden = Finanzämter, Hauptzollämter.

B392

Lagefinanzamt für Grundstücke
Betriebsfinanzamt f. gewerbl. Betriebe
Tätigkeitsfinanzamt f. Freiberufler
Verwaltungsfinanzamt f. mehrere Beteilig.
Wohnsitzfinanzamt f. natürliche Personen

B393

Verwaltungsakt ist jede Verfügung, Entscheidung oder andere hoheitliche Maßnahme, die eine Behörde auf dem Gebiet des öffentlichen Rechts trifft und die auf unmittelbare Rechtswirkung nach außen gerichtet ist.

B394

Begünstigte Verwaltungsakte:

Z.B: Fristverlängerung oder Stundung oder Baugenehmigung.

Belastende Verwaltungsakte:

Z.B: Steuerbescheide, Aufforderung zur Buchführungspflicht.

B395

Ein Verwaltungsakt wird gegenüber demjenigen wirksam, für den er bestimmt ist oder der von ihm betroffen ist, in dem Zeitpunkt, in dem er ihm bekannt wird. Der Verwaltungsakt wird mit dem Inhalt wirksam, mit dem er bekanntgegeben wurde.

B396

Ein Termin bezeichnet einen bestimmten Zeitpunkt, eine Frist einen Zeitraum.

B397

a) Gesetzliche u. behördliche Fristen.

b) Ereignis- u. Beginnfristen, § 187f. BGB

B398

*Verspätungszuschlag, § 152 AO
Säumniszuschlag, § 240 AO
Zinsen, § 233f AO
Zwangsgelder, § 329 AO*

B399

War jemand ohne Verschulden verhindert, eine gesetzl. Frist einzuhalten, kann ihm Wiedereinsetzung in den vorigen Stand gewährt werden, d.h. er kann die versäumte Rechtshandlung nachholen. Beisp: Einspruchsfrist wurde wg. Krankheit versäumt.

B400

Wer einen Betrieb der L.u.F., Gewerbebetrieb eröffnet oder selbständig tätig wird, hat die Gemeinde zu unterrichten innerhalb eines Monats nach dem Beginn. Die Gemeinde unterrichtet dann das Finanzamt.

B401

§ 140 AO: Abgeleitete Buchführungspflicht, d.h. der Stpfl. ist nach anderen Gesetzen (z.B. HGB) verpflichtet, Bücher zu führen.

§ 141 AO: Originäre Buchführungspflicht, d.h. das Steuerrecht bestimmt für diesen Stpfl. die Buchführungspflicht.

B402

Es muss keine Bilanz erstellt und keine Inventur durchgeführt werden. Es werden steuerliche Sachverhalte festgehalten. Z.B. die BMG für die AfA, die Einnahmen und die Ausgaben.

B403

Die Steuergesetze bestimmen, wer zur Abgabe einer Steuererklärung verpflichtet ist, § 149 (1) S.1 AO.

Natürliche Personen, die einen Wohnsitz in der BRD haben, sind unbeschränkt steuerpflichtig und müssen u.U. eine ESt-Erklärung abgeben.

B404

Die Beteiligten und andere Personen haben der Finanzbehörde die zur Feststellung eines für die Besteuerung erheblichen Sachverhaltes erforderlichen Auskünfte zu erteilen, § 93 AO.

B405

Angehörige i. S. § 15 AO eines Beteiligten können die Auskunft verweigern.

Auskunftsverweigerungsrechte haben auch Geistliche, Mitglieder des Bundestages, Verteidiger, Rechtsanwälte, Steuerberater, Ärzte u.a. § 102 AO.

B406

Durch die Außenprüfung prüft das Finanzamt die steuerlichen Sachverhalte. Die Prüfung wird schriftlich angekündigt. Sie kann auf bestimmte Steuerarten oder Sachverhalte beschränkt sein. Am Ende findet eine Schlussbesprechung statt und/oder es wird ein Prüfbericht verfasst, § 193f AO.

B407

Steuerbescheide werden in der Regel schriftlich erteilt (§ 157 (1) AO). Sie müssen folgende Angaben enthalten: Die festgesetzte Steuer nach Art und Betrag, wer die Steuer schuldet, Rechtsbehelfsbelehrung und Frist und die zuständige Behörde.

B408

Steuererklärungen, in denen der Steuerpflichtige die Steuer selbst berechnen muss, sind Steueranmeldungen. Sie stehen unter dem Vorbehalt der Nachprüfung.

53

B409

Solange der Vorbehalt wirksam ist, kann die Steuerfestsetzung aufgehoben oder geändert werden. Der Steuerfall bleibt also "offen". Durch den Vorbehalt der Nachprüfung kann die Finanzbehörde einen Steuerfall schnell bearbeiten.

B410

Soweit ungewiss ist, ob die Voraussetzungen für die Entstehung einer Steuer eingetreten sind, kann sie vorläufig festgesetzt werden. Solange die Steuer vorläufig festgesetzt ist, kann das Finanzamt die Festsetzung ändern oder aufheben, § 165 AO.

B411

Für Steuerbescheide beträgt sie 4 Jahre. Sie beginnt mit Ablauf des KJ., in dem die Steuer entstanden ist, § 170 (1) AO. Davon abweichend beginnt sie mit Ablauf des KJ. in dem die Steuererklärung beim FA eingereicht wurde (Anlaufhemmung). Sie beginnt spätestens mit Ablauf des dritten KJ., in dem die Steuer entstanden ist.

B412

*1) Berichtigung wegen offensichtlicher Unrichtigkeit kann jederzeit erfolgen, § 129 AO.
2) Fehlerhafte Verwaltungsakte müssen geändert werden.
3) Eine Änderung wegen neuer Tatsachen und Beweismittel kann jederzeit erfolgen, § 173 AO.*

B413

*Die Ansprüche aus dem Steuerschuldverhältnis entstehen, sobald der Tatbestand verwirklicht ist, an den das Gesetz die Leistungspflicht knüpft, § 38 AO.
Z.B.: Lieferung eines Gegenstandes gegen Entgeld im Inland. Die USt ist entstanden, unabhängig davon ob diese dem FA gegenüber erklärt wurde oder nicht.*

B414

Durch die Festsetzung der Steuer durch einen Steuerbescheid wird der Steueranspruch verwirklicht, § 218 AO, und kann dann von dem Finanzamt beansprucht werden im Beitreibungsverfahren.

B415

Die Fälligkeit von Ansprüchen aus dem Steuerschuldverhältnis richtet sich nach den Vorschriften der Steuergesetze. Z.B. ist die LSt u. USt zehn Tage nach dem Voranmeldezeitraum fällig, die ESt-Abschlusszahlung einen Monat nach Bekanntgabe.

B416

Dem Steuerschuldner kann auf Antrag gestundet werden, wenn die Einziehung der Fälligkeit eine erhebliche Härte für ihn bedeuten würde und durch die Stundung der Steueranspruch nicht gefährdet erscheint.

B417

Zahlung
Aufrechnung
Erlass
Zahlungsverjährung

B418

Nicht nur Steuernachforderungen, sondern auch Steuererstattungen werden verzinst. (0,5 % für jeden vollen Monat). Der Zinslauf beginnt 15 Monate nach Ablauf des KJ., in dem die Steuer entstanden ist (§ 233a AO).

B419

Gegen einen erlassenen Verwaltungsakt kann der Stpfl. oder sein Vertreter innerhalb der Rechtsbehelfsfrist Einspruch einlegen. Der Einspruch kann schriftlich erfolgen oder zu Protokoll gegeben werden. Durch den Einspruch wird der Verwaltungsakt vollständig überprüft.

B420

Wenn der Steuerpflichtige der Meinung ist, dass in dem außergerichtlichen Rechtsbehelfsverfahren seine Rechte verletzt wurden, steht ihm das gerichtliche Rechtsbehelfsverfahren in Form einer Klage oder einer Revision bei dem zuständigen Finanzgericht offen.

B421

Steuerhinterziehung, § 370 AO
Steuerhehlerei, § 374 AO
Bannbruch, § 372 AO
Gewerbsmäßiger, gewaltsamer u. bandenmäßiger Schmuggel, § 373 AO

B422

Leichtfertige Steuerverkürzung, § 378 AO
Allgemeine Steuergefährdung, § 379 AO

Z.B: Durch das Ausstellen von unrichtigen Belegen oder durch unrichtiges Buchen, wenn dadurch Steuern verkürzt werden.

B423

Im Falle einer Steuerhinterziehung bleibt der Täter straffrei, wenn er die unrichtigen oder unvollständigen Angaben bei der Finanzbehörde berichtigt oder ergänzt oder unterlassene Angaben nachholt, § 371 AO.

B424

Das Rechnungswesen dient der Dokumentation der Geschäftsvorfälle, der Überwachung und Kontrolle der Betriebsziele, der Steuerung und Lenkung durch die Unternehmensleitung.

B425

Besonders die Analyse der Aufwendungen und Erträge über mehrere Buchungsperioden stellen die Grundlage für die Vorausschau (Planung) dar. Die Daten werden innerbetrieblich und soweit möglich mit Konkurrenzbetrieben verglichen.

B426

Die Auswertung der anfallenden Kosten lässt einen Vergleich mit den Planungsdaten zu. Abweichungen werden besonders im internen Rechnungswesen, der Kosten- und Leistungsrechnung, beobachtet und die Ursachen ergründet.

B427

Durch gesetzl. Vorschriften werden Buchführungs- und Aufzeichnungspflichten den Steuerpflichtigen auferlegt. Aufgrund der ordnungsmäßigen Buchführung ergibt sich der Gewinn, der die Grundlage der Besteuerung ist. Für die Ausnutzung besonderer Steuervergünstigungen sind oft bestimmte Auszeichnungen notwendig.

B428

Die Buchführung zeichnet die Veränderungen des Vermögens bzw. des Kapitals für eine Periode auf. Es werden die rechtlichen und wirtschaftlichen Veränderungen in Zahlen festgehalten. Es werden durch die Buchführung gesetzliche Pflichten erfüllt.

B429

Bereiche: Kostenartenrechnung, Kostenstellenrechnung, Kostenträgerrechnung, Teilkostenrechnung. Aufgaben: Ermittlung der Selbstkosten u. Leistungen, Controlling, Bewertung der unfertigen u. fertigen Erzeugnisse, Ermittlung der Deckungsbeiträge, Grundlage für Planungsdaten ermitteln.

B430

Die Statistik wertet die betrieblichen Zahlen aus und legt so die Grundlage für den Vergleich, die Kontrolle und die Vorausschau (Planung).

B431

Die Zahlen und Ergebnisse der Vergangenheit sind die Grundlage für die Planung. Sie müssen jedoch aktualisiert werden, d.h. angepasst werden, um abweichende Entwicklungen und Marktchancen zu berücksichtigen.

B432

§ 238 HGB Buchführungspflicht
§ 239 HGB Führen v. Handelsbüchern
§ 240 HGB Inventur
§ 241 HGB Inventurvereinfachungsverf.
§ 242 HGB Bilanzierungspflicht
§ 243 HGB Aufstellungsgrundsatz

B433

§ 140 AO: Abgeleitete Buchführungspflicht, d.h. andere (meistens die handelsrecht.) Aufzeichnungspflichten sind auch für die Besteuerung zu beachten.

§ 141 AO: Originäre Buchführungspflicht. Ab einer bestimmten Höhe des Umsatzes oder des Gewinns, schreibt das Steuerrecht vor, Bücher zu führen.

B434

Formelle Grundsätze nennen die Art und Weise und die Beschaffenheit der Aufzeichnungen und deren Aufbewahrung. Die materiellen Anforderungen nennen die sachlichen Grundsätze der Beschaffenheit der Aufzeichnungen, wie: vollständig, richtig, zeitgerecht, geordnet, Kontenwahrheit usw.

B435

Die Besteuerungsgrundlagen können geschätzt werden, § 162 AO.

Es können Freiheits- und Geldstrafen verhängt werden. (§ 331 HGB, §§ 370 f. AO)

B436

In der Buchführung werden alle Geschäftsvorfälle erfasst. Die Aufzeichnungspflichten fordern, nur bestimmte Geschäftsvorfälle aufzuzeichnen. Dies ist nur möglich für Betriebe, die nicht buchführungspflichtig sind.

B437

Die Aufzeichnungen sind vollständig, richtig, zeitgerecht und geordnet vorzunehmen. Die Kasse soll täglich geführt werden. Benutzung einer lebenden Sprache, Abkürzungen müssen eindeutig sein, Veränderungen müssen die ursprüngl. Eintragung erkennen lassen. Konten dürfen keine falschen Namen tragen.

B438

§ 22 (2) UStG: Es müssen aufgezeichnet werden die vereinbarten Entgelte, getrennt nach Steuersätzen u. gesondert von steuerfreien Umsätzen, ebenso die Teilentgelte, BMG für den Eigenverbrauch, BMG f. d. Einfuhr plus der EUSt, BMG f. den innergem. Erwerb und der Steuer.

B439

Für bestimmte Aufwendungen gelten besondere Aufzeichnungspflichten (§ 4 (7) EStG). Es handelt sich besonders um Geschenke an Personen, die keine Arbeitnehmer des Unternehmers sind, Bewirtungsaufwendungen, Mehraufw. f. Verpflegung, Arbeitszimmer. Auch für GWG's gelten besondere Pflichten (§ 6 (2).

B440

Bücher, Aufzeichnungen, Inventare, Jahresabschlüsse, Lageberichte, Eröffnungsbilanz sind 10 Jahre aufzubewahren. Die sonstigen Unterlagen sind 6 Jahre aufzubewahren. Die Vorschriften gelten nur für Kaufleute nach HGB, § 247 HGB.

B441

Bücher u. Aufzeichnungen, Inventare, Jahresabschlüsse, Lageberichte, Eröffnungs bilanz sind 10 Jahre aufzubewahren, die sonstigen Geschäftsunterlagen 6 Jahre, § 147 AO.

B442

Die Verpflichtung zur Inventur ergibt sich aus dem § 240 HGB und den §§ 140, 141 AO, wonach aufgrund jährlicher Bestandsaufnahmen Abschlüsse durchzuführen sind. Inventur ist die genaue Feststellung der vorhandenen Vermögenswerte und Schulden.

B443

Das Inventar ist ein ausführliches Bestandsverzeichnis, das alle Vermögensteile und Schulden eines Unternehmens zu einem bestimmten Zeitpunkt nach Art, Menge und Wert ausweist. A) Vermögen, B) Schulden, C) Eigenkapital bzw. Reinvermögen.

B444

Die Bilanz ist zu Beginn der Unternehmenstätigkeit zu erstellen und dann regelmäßig alle 12 Monate. Die Bilanz ist eine kurzgefasste Gegenüberstellung von Vermögen und Kapital, in Kontenform dargestellt.

B445

Alle zu buchenden Geschäftsvorfälle haben eine kapitalmindernde oder kapitalvermehrende Wirkung oder betreffen einen Umschichtungsvorgang der Vermögens- und/oder der Kapitalseite.

B446

Die Bilanz ist zu Beginn der Unternehmenstätigkeit zu erstellen und dann regelmäßig alle 12 Monate. Die Bilanz ist eine kurzgefasste Gegenüberstellung von Vermögen und Kapital, in Kontenform dargestellt.

B447

Für die einzelnen Bilanzposten werden jeweils eigene Konten eröffnet mit dem jeweiligen Anfangsbestand der Bilanz. Auf diesen Konten (ein Konto ist eine zweiseitige Rechnung) werden die Veränderungen (Geschäftsvorfälle) verzeichnet und verrechnet.

B448

Bestandskonten sind die Konten, die sich direkt aus der Bilanz ableiten lassen. Sie gliedern sich in die Aktivkonten (Vermögen) und die Passivkonten (Schulden).

B449

Ein Buchungssatz nennt die Konten auf die ein Geschäftsfall zu buchen ist. Die linke Seite (Sollseite) wird dabei stets zuerst genannt.

B450

Am Ende des Geschäftsjahres werden die Zu- und Abgänge auf den Bestandskonten verrechnet. Die Differenzen (Salden) werden in einer Schlussbilanz zusammengefasst.

B451

Der Kaufmann hat zu Beginn seines Handelsgewerbes und für den Schluss eines jeden Geschäftsjahres einen das Verhältnis seines Vermögens und seiner Schulden darstellenden Abschluss aufzustellen, § 242 HGB.

B452

Der Kontenrahmen gliedert die Konten in eine bestimmte Ordnung.

GKR = Prozessgliederungsprinzip
IKR = Abschlussgliederungsprinzip

B453

Der Kontenplan eines Unternehmens enthält alle Konten des Unternehmens zusammengefasst in einzelne Kontenklassen. Es werden nur die Konten aufgenommen, die tatsächlich gebraucht werden. Nicht benötigte Konten werden nicht in den betrieblichen Kontenrahmen aufgenommen.

B454

Aufwandskonten sammeln alle Kapitalminderungen getrennt nach einzelnen Aufwandsarten. Sie werden über das Gewinn- und Verlustkonto erfasst.

B455

Ertragskonten sammeln alle Kapitalerhöhungen getrennt nach einzelnen Ertragsarten. Sie werden über das Gewinn- und Verlustkonto erfasst.

B456

Das Gewinn- und Verlustkonto stellt die Aufwendungen und Erträge einer Buchungsperiode gegenüber. Die Aufwendungen stehen im Soll, die Erträge im Haben. Der Saldo zeigt den Erfolg des Unternehmens, den Gewinn bzw. Verlust.

B457

Die Warenkonten sind nach dem Bruttoverfahren (§ 246 (2) HGB) abzuschließen. Das bedeutet, dass der Wareneinsatz als Aufwand den Verkaufserlösen (Erträgen) in der Gewinn- und Verlustrechnung gegenüberstehen. Andere Gewerbetreibende können auch das Nettoverfahren anwenden.

B458

Es werden Konten geführt für die einzelnen USt-Sätze, ebenso für die Vorauszahlungen und die Vorsteuer. Eventuell kann ein USt-Verrechnungskonto geführt werden.

B459

Private Vorgänge verändern das Eigenkapital. Das Privatkonto ist ein Unterkonto des Eigenkapitalkontos. Auf der Sollseite werden die Entnahmen und auf der Habenseite die Einlagen des Unternehmers verbucht.

B460

Eigenverbrauch fällt an bei
a) Entnahme v. Gegenständen
b) Ausführen v. sonstigen Leistungen
c) Repräsentationsaufwendungen
(§ 1 (1) Nr. 2a, 2b, 2c UStG)
Kein Eigenverbrauch sind die nicht- abzugsfähigen Betriebsausgaben. 20 % der Bewirtungsaufwendungen.

B461

Buchungssatz:

Wareneinkauf: Minderung der Anschaffungskosten.

Siehe Liste ab Seite 185

B462

Buchungssatz:

Wareneinkauf: Rücksendungen

Siehe Liste ab Seite 185

B463

Buchungssatz:

Warenverkauf: Vertriebskosten

Siehe Liste ab Seite 185

B464

Buchungssatz:

Warenverkauf: Erlösschmälerungen

Siehe Liste ab Seite 185

B465

Buchungssatz:

Warenverkauf: Rücksendungen

Siehe Liste ab Seite 185

B466

Buchungssatz:

Buchungen im Fertigungsbereich

Siehe Liste ab Seite 185

B467

Siehe Steuerspirale Seite 78

B468

Buchungssatz:

Lohn- und Gehaltsbuchungen.

Siehe Liste ab Seite 185

B469

Buchungssatz:

Abzüge bei Lohn- und Gehaltsbuchungen

Siehe Liste ab Seite 185

B470

Buchungssatz:

Arbeitgeberanteil zur Sozialversicherung

Siehe Liste ab Seite 185

B471

Buchungssatz:

Buchung der Vermögenswirksamen Leistungen

Siehe Liste ab Seite 185

B472

Buchungssatz:

Buchungen der Sachbezüge

Siehe Liste ab Seite 185

B473

Buchungssatz:

Buchung von Vorschüssen

Siehe Liste ab Seite 185

B474

Buchungssatz:

Buchung von Abschlägen

Siehe Liste ab Seite 185

B475

Buchungssatz:

Buchung der Lohnnebenkosten

Siehe Liste ab Seite 185

B476

$$Zinsen = \frac{Kapital * Zinsfu\beta * Tage}{100 * 360}$$

B477

$$Tage = \frac{100 * 360 * Zinsen}{Kapital * Zinsfu\beta}$$

B478

$$Kapital = \frac{100 * 360 * Zinsen}{Zinsfu\beta * Tage}$$

B479

$$Zinsfu\beta = \frac{100 * 360 * Zinsen}{Kapital * Tage}$$

B480

Die summarische Zinsrechnung verkürzt die Zinsrechnung, wenn für mehrere Posten Zinsen zu berechnen sind. Es werden die Zinszahlen (#) für jeden Posten ermittelt (Wert*Tage/100). Auf die Summe der Zinszahlen wird in einer einzigen Rechenoperation der Zinsfuß/360 angewandt.

B481

Buchungssatz:

Buchungen auf Geldverrechnungskonten

Siehe Liste ab Seite 185

B482

Buchungssatz:

Scheck

Siehe Liste ab Seite 185

B483

Buchungssatz:

Debitorenkontokorrent

Siehe Liste ab Seite 185

B484

Buchungssatz:

Kreditorenkontokorrent

Siehe Liste ab Seite 185

B485

Buchungssatz:

Anzahlungen

Siehe Liste ab Seite 185

B486

Buchungssatz:

Buchungen auf Festgeldkonten

Siehe Liste ab Seite 185

B487

Buchungssatz:

Darlehensauszahlung

Siehe Liste ab Seite 185

B488

Buchungssatz:

Darlehensrückzahlungsbetrag

Siehe Liste ab Seite 185

B489

Buchungssatz:

Disagio/Damnum

Siehe Liste ab Seite 185

B490

Buchungssatz:

Einfache Leasingverträge

Siehe Liste ab Seite 185

B491

Buchungssatz:

Besitzwechsel

Siehe Liste ab Seite 185

B492

Buchungssatz:

Schuldwechsel

Siehe Liste ab Seite 185

B493

Buchungssatz:

Wechselsumme

Siehe Liste ab Seite 185

B494

Buchungssatz:

Diskont

Siehe Liste ab Seite 185

B495

Buchungssatz:

Barwert des Wechsels

Siehe Liste ab Seite 185

B496

Es handelt sich um Wertpapiere, die bestimmt sind dauernd oder auf lange Sicht dem Betrieb zu dienen. Es sind Beteiligungen oder festverzinsliche Wertpapiere, die als Kapitalanlage dienen.

B497

Es handelt sich um Wertpapiere, die nur kurzfristig angelegt sind und der Anlage überschüssigen Geldes dienen.

B498

Buchungssatz:

An- u. Verkauf Beteiligungspapiere

Siehe Liste ab Seite 185

B499

Buchungssatz:

Festverzinsliche Wertpapiere

Siehe Liste ab Seite 185

B500

Buchungssatz:

Anschaffung von Sachanlagen

Siehe Liste ab Seite 185

B501

Buchungssatz:

Herstellkosten von Sachanlagen

Siehe Liste ab Seite 185

B502

Buchungssatz:

Abschreibung auf Sachanlagen

Siehe Liste ab Seite 185

B503

Buchungssatz:

Veräußerung von Sachanlagen

Siehe Liste ab Seite 185

B504

Buchungssatz:

Geringwertige Wirtschaftsgüter

Siehe Liste ab Seite 185

B505	B506
Buchungssatz:	*Buchungssatz:*
Sachanlagen im Anlagespiegel	*Anlagen im Bau*
Siehe Liste ab Seite 185	*Siehe Liste ab Seite 185*

B507	B508
Buchungssatz:	*Buchungssatz:*
Geleistete Vorauszahlungen für Sachanlagen	*Betriebssteuern*
Siehe Liste ab Seite 185	*Siehe Liste ab Seite 185*

B509	B510
Buchungssatz:	*Buchungssatz:*
Privatsteuern	*Aktivierungspflichtige Steuern*
Siehe Liste ab Seite 185	*Siehe Liste ab Seite 185*

B511	B512
Buchungssatz:	*Buchungssatz:*
Steuerliche Nebenleistungen	*Export*
Siehe Liste ab Seite 185	*Siehe Liste ab Seite 185*

B513

Buchungssatz:

Import

Siehe Liste ab Seite 185

B514

Buchungssatz:

Innergemeinschaftliche Lieferung

Siehe Liste ab Seite 185

B515

Buchungssatz:

Innergemeinschaftlicher Erwerb

Siehe Liste ab Seite 185

B516

Buchungssatz:

Bewirtungsaufwendungen

Siehe Liste ab Seite 185

B517

Buchungssatz:

Geschenke

Siehe Liste ab Seite 185

B518

Buchungssatz:

Geschenke an Kunden

Siehe Liste ab Seite 185

B519

Buchungssatz:

Geschenke an Arbeitnehmer

Siehe Liste ab Seite 185

B520

Buchungssatz:

Reisekosten

Siehe Liste ab Seite 185

B521

Buchungssatz:

Nichtabzugsfähige Vorsteuer

Siehe Liste ab Seite 185

B522

Buchungssatz:

Grundstücksaufwendungen und -erträge

Siehe Liste ab Seite 185

B523

Buchungssatz:

Nicht abzugsfähige Betriebsausgaben

Siehe Liste ab Seite 185

B524

Buchungssatz:

Eigenverbrauch

Siehe Liste ab Seite 185

B525

In einer Handelsbilanz werden die Werte nach handelsrechtlichen Bewertungsvorschriften angesetzt. Diese Ansätze sind dann auch für die Steuerbilanz verbindlich. (Sogenanntes Maßgeblichkeitsprinzip)

B526

Die Steuerbilanz ist eine von der Handelsbilanz abgeleitete Bilanz, in der die steuerlichen Bewertungsvorschriften berücksichtigt sind.

B527

Die G.u.V-Rechnung ist das Sammelkonto der Aufwendungen und Erträge. Die Pflicht zur Aufstellung ergibt sich aus § 242 (2) HGB. Das G.u.V.-Konto selbst ist ein Unterkonto des Eigenkapitalkontos. Auf dem G.u.V.-Konto ist der Erfolg des Unternehmens zu ersehen.

B528

Kapitalgesellschaften haben zu ihrer Bilanz einen Anhang zu erstellen. In diesem Anhang werden bestimmte Posten der Bilanz und G.u.V. erläutert. Z.B. Methoden und Höhe der Abschreibungen des Anlagevermögens, § 268 HGB.

B529

Kapitalgesellschaften müssen im Lagebericht den Geschäftsverlauf und wirtschaftlich bedeutende Vorgänge darstellen, ebenso die voraussichtliche Entwicklung und den Bereich Forschung und Entwicklung, § 289 HGB.

B530

Buchungssatz:

Zeitliche Abgrenzung von Aufwendungen und Erträgen

Siehe Liste ab Seite 185

B531

Buchungssatz:

Aktive Rechnungsabgrenzungsposten

Siehe Liste ab Seite 185

B532

Buchungssatz:

Passive Rechnungsabgrenzungsposten

Siehe Liste ab Seite 185

B533

Buchungssatz:

Sonstige Forderungen

Siehe Liste ab Seite 185

B534

Buchungssatz:

Sonstige Verbindlichkeiten

Siehe Liste ab Seite 185

B535

Buchungssatz:

Noch nicht abziehbare Vorsteuer

Siehe Liste ab Seite 185

B536

Buchungssatz:

Noch nicht fällige Umsatzsteuer

Siehe Liste ab Seite 185

B537

Handelsrecht:
Anschaffungs- u. Herstellungskosten, fortgeführte AK oder HK, Börsen- oder Marktpreis, beizulegender Wert.

Steuerrecht:
Anschaffungs- u. Herstellungskosten, fortgeführte AK oder HK, Teilwert.

B538

Der Wertansatz in der Bilanz hängt entscheidend von der angewandten Bewertungs- und Abschreibungsmethode ab. Deshalb sind gesetzliche Vorschriften (HGB/ESt) bestimmt, um eine Bewertungsstetigkeit und Bilanzkontinuität zu gewährleisten.

B539

Grund und Boden gehören zu den nicht abnutzbaren Anlagegütern. Sie sind höchstens mit dem Anschaffungswert anzusetzen, der niedrigere Teilwert ist möglich, wenn am Bilanzstichtag der Wert nachhaltig niedriger ist, § 253 (2) HGB.

B540

Finanzanlagen gehören zum Anlagevermögen (§ 266 HGB). Bei der Bewertung gilt das gemilderte Niederstwertprinzip. Es sind die Anschaffungskosten oder der niedrigere Teilwert anzusetzen. Für Kap.-Gesell. gilt ein Wertaufholungsgebot.

B541

1) Software ist als immaterielles WG mit dem Anschaffungswert zu aktivieren und linear abzuschreiben.
2) Trivalprogramme sind abnutzbare bewegliche und selbständig abnutzbare WG. Sie können auch degressiv abgeschrieben werden. Programme unter 800 DM unterliegen stets linearen, degressiven oder GWG-AfA.

B542

Der Geschäftswert ergibt sich beim Verkauf eines ganzen Unternehmens aus dem Unterschied von Kaufpreis und dem Wert des Betriebsvermögens. Dieser Wert ist steuerlich zu aktivieren und linear abzuschreiben auf 15 Jahre, § 7 (1) S. 3 EStG.

B543

Lineare AfA bei Wirtschaftsgeb. = 4 %, bei anderen Gebäuden a) nach 31.12.24 fertiggestellt = 2 %, b) vor 1.1.25 fertiggestellt) 2,5 %, § 7 (4) EStG. Degressive AfA (§ 7 (5) ist eine Jahresafa. Es sind unterschiedliche Staffelsätze zu beachten. Es kommt darauf an, wann die Gebäude erworben wurden bzw. wann der Bauantrag gestellt wurde.

B544

$$\text{Linearer AfA-Satz} = \frac{AK/HK * 100}{\text{Nutzungsdauer}}$$

Die AfA ist zeitanteilig vorzunehmen. Vereinfachungsregel n. RL 44 (2): Anschaffung im 1. Halbj. = volle AfA im 2. Halbj. = halbe AfA

B545

$$Degr.\ AfA\text{-}Satz = \frac{100}{Nutzungsdauer} * 3$$

höchstens 30 %.
Dieser ermittelte AfA-Satz wird auf den Restbuchwert angewandt. Es gilt die Vereinfachungsregel d. RL 44 (2).
Ein Übergang auf lineare AfA ist möglich.

B546

Neben der linearen oder degressiven AfA ist eine Sonderafa von 20 % auf einen Zeitraum von 5 Jahren möglich für neue und bewegliche WG, die mindestens 1 Jahr betrieblich genutzt werden, § 7g EStG.

B547

Wenn der Wert eines WG wegen technischen Fortschritts oder wirtschaftlichen Veränderungen sinkt, ist eine außerplanmäßige AfA vorzunehmen.

Z.B: Die Computeranlage veraltet wegen techn. Fortschritts schneller, als die gewöhnliche Nutzungsdauer ausmacht.

B548

Die Durchschnittsbewertung ist eine Bewertung nach dem gewogenen Mittel der erworbenen WG und des Anfangbestandes. D.h. die Teilmengen werden mit ihren jeweiligen Werten multipliziert. Die Addition der Werte wird dann durch die Summe aller Mengen geteilt.

B549

WG des Vorratsvermögens dürfen steuerlich nach dem Lifo-Verfahren bewertet werden. Das Verfahren unterstellt, dass stets die zuletzt angeschafften WG zuerst verkauft werden. Z.B. Baustoffhandel: Kies wird immer von vorne angeliefert und auch von dieser Seite verkauft.

B550

Das Fifo-Verfahren (first in - first out) unterstellt, dass die zuerst beschafften WG zuerst verbraucht bzw. veräußert werden. Dieses Verfahren darf auch steuerlich für gleichartige WG d. Vorratvermögens angewendet werden, § 6 (1) Nr. 2a EStG.

B551

Die Forderungen werden mit dem Nennwert in die Bilanz eingestellt. Nennwert ist der Bruttorechnungsbetrag, also einschließlich der USt.

B552

Zweifelhafte Forderungen sind Forderungen, bei denen sich ein Forderungsausfall abzeichnet bzw. der Zahlungseingang unsicher ist. In der Bilanz sind sie mit dem wahrscheinlichen Wert anzusetzen. Sie sind auf einem getrennten Konto zu erfassen.

B553

Uneinbringliche Forderungen müssen auf null abgeschrieben werden.

B554

Einzelbewertung: Jede Forderung wird einzeln bewertet und gegebenenfalls teilweise oder ganz abgeschrieben. Ein zu erwartender Forderungsausfall wird indirekt abgeschrieben. Die Pauschalwertberichtigung ist stets eine indirekte AfA, weil der Ausfall noch nicht konkretisiert ist.

B555

Wenn das Steuerrecht verlangt, dass der Wertansatz der Steuerbilanz auch in der Handelsbilanz anzusetzen ist, dann spricht man vom umgekehrten Maßgeblichkeitsprinzip, § 254 HGB, § 5 (1) S. 2 EStG.

B556

Wird ein Wirtschaftsgut auf einen niedrigeren Teilwert abgeschrieben, so kann in den Folgejahren dieser Wertansatz beibehalten werden, auch wenn der Grund für die AfA weggefallen ist, § 253 (5) HGB, § 6 (1) Nr. 1 S. 4 EStG.

B557

Für Einzelkaufleute u. Personengesell. besteht ein Zuschreibungswahlrecht, wenn die Gründe für die Teilwertabschreibung entfallen sind, § 6 (1) Nr. 1 S. 4 EStG. Für Kap.-Gesell. besteht ein Wertaufholungsgebot, § 280 (1) HGB. Abs. 2 regelt jedoch eine Ausnahme, wenn steuerl. der niedrigere Ansatz beibehalten wird.

B558

Es gilt das Imparitätsprinzip in der Ausprägung des Höchstwertprinzips, d.h. am Bilanzstichtag muss die Verbindlichkeit mit dem höheren Teilwert angesetzt werden. Wertaufhellende Tatsachen sind zu berücksichtigen.

B559

Der Rückzahlungsbetrag entspricht den Anschaffungskosten bzw. dem Nennbetrag einer Verbindlichkeit. Diese sind anzusetzen. § 253 (1) S. 2 HGB (Rückzahlungsbetrag), § 6 (1) Nr. 3 i.V. m. Nr. 2 EStG (AK).

B560

Steuerlich besteht eine Aktivierungspflicht als RAP und ist auf die Laufzeit des Darlehens zu verteilen, EStH 37.

B561

1) Ein Fälligkeitsdarlehen wird nach der Laufzeit in einer Summe zurückgezahlt.
2) Ratendarlehen werden gleichmäßig zurückgezahlt.
zu 1) Damnum ist linear abzuschreiben.
zu 2) Damnum wird arithmetisch-degressiv, d.h. in gleichmäßig fallenden Beträgen abgeschrieben.

B562

Sie werden mit dem Anschaffungswert angesetzt, auch wenn der Kurs sinkt. Steigt der Kurs ist der höhere Teilwert anzusetzen, kann aber später bei sinkenden Kursen angepasst werden. Der Anschaffungswert darf dabei nicht unterschritten werden.

B563

Steuerlich sind Entnahmen mit dem Teilwert anzusetzen, § 6 (1) Nr. 4 S. 1 EStG.
Beispiel: Der Stpfl. entnimmt für private Zwecke aus seinem Betrieb einen Pkw. Buchwert = 4.000 DM, Marktwert = 5.500 DM. Der Entnahmewert beträgt 5.500 DM.

B564

Sie sind mit dem Teilwert anzusetzen, höchstens mit dem Anschaffungswert/ Herstellungswert, wenn das WG innerhalb der letzten drei Jahre vor Zuführung in das Betriebsvermögen angeschafft oder hergestellt wurde. Bei abnutzb. WG ist die AfA zu berücksichtigen, § 6 (1) Nr. 5 EStG.

B565

Buchungssatz:

Ungewisse Verbindlichkeiten (insbesondere GewSt-Rückstellung)

Siehe Liste ab Seite 185

B566

Buchungssatz:

Unterlassene Instandhaltungen

Siehe Liste ab Seite 185

B567

Buchungssatz:

Gewährleistungen ohne rechtliche Verpflichtungen

Siehe Liste ab Seite 185

B568

Buchungssatz:

Offene Rücklagen für Kapitalrücklage

Siehe Liste ab Seite 185

B569

Buchungssatz:

Offene Rücklagen: Gewinnrücklage

Siehe Liste ab Seite 185

B570

Buchungssatz:

Stille Rücklagen (Reserven)

Siehe Liste ab Seite 185

B571

Buchungssatz:

Sonderposten mit Rücklagenanteil

Siehe Liste ab Seite 185

B572

Siehe Schaubild im Lehrbuch Seite 257

B573

Siehe Schaubild im Lehrbuch Seite 258

B574

Aufbau des Vermögens: AV/UV
Aufbau des Kapitals: EK/FK
Deckung d. Anlagevermögens: EK/AV
Liquidität: LM (1.2.3.Gr.)/Sons. Verb.
EK-Rentabilität: Gewinn/EK
Gesamt-Rentab.: G+FK-Zinsen/Ges.-Kap.

B575

Break-even-Analyse, zeigt, ab welchem Mengen-/Umsatzpunkt Gewinn erwirtschaftet wird.

Deckungsbeitragsrechnung, Bestimmung der langfristigen und kurzfristigen Preisuntergrenze.

B576

Umsatzrentabilität ist das Verhältnis zwischen Jahresüberschuss und Umsatz in Prozent =

$$Umsatzrent. = \frac{Jahresüberschuss * 100}{Umsatz}$$

B577

1) Individuelle Vereinbarung im Gesellschaftsvertrag.

2) Nach Gesetz: 4 % des Kapitalanteils, Rest nach Köpfen, §121 HGB.

B578

Für jeden Gesellschafter wird ein Kapitalkonto und ein separates Privatkonto geführt.

B579

Die Geschäftsführer haben den Jahresabschluss und den Lagebericht unverzüglich nach der Aufstellung den Gesellschaftern vorzulegen bzw. den Wirtschaftsprüfern. Über die Ergebnisverwendung entscheiden die Gesellschafter, § 42a GmbHG.

B580

Die Verteilung erfolgt nach dem Verhältnis der Geschäftsanteile. Im Gesellschaftsvertrag kann ein anderer Maßstab der Verteilung festgesetzt werden, § 29 (2) GmbHG.

B581

Betriebsfremde Aufwendungen und Erträge stehen nicht in unmittelbaren Zusammenhang mit dem eigentlichen Betriebszweck. Sie werden deshalb als neutrale Aufwendungen bzw. Erträge in der Kontenklasse 2 erfasst.

B582

Es handelt sich um Aufwendungen bzw. Erträge, die außerhalb der gewöhnlichen Geschäftstätigkeit anfallen. Bei Kap.-Gesellschaften sind diese Posten zu erläutern hinsichtlich ihres Betrages und der Art, § 277 (4) HGB.

B583

Es sind betrieblich veranlasste Aufwendungen bzw. Erträge, doch es handelt sich um Aufwendungen bzw. Erträge, die ein anderes Wirtschaftsjahr betreffen.

B584

Kosten sind Aufwendungen die den Verbrauch von Gütern, Diensten und Abgaben für die Erstellung der betrieblichen Leistung zur Folge haben. Die Entgelte dafür sind die betrieblichen Leistungen oder auch Umsatzerlöse genannt.

B585

Kalkulatorische Kosten sind alle Aufwendungen, die in den Umsatzprozess tatsächlich eingegangen sind, auch wenn sie in der Finanzbuchhaltung keine Aufwendungen sein dürfen. Es handelt sich um die sog. Grundkosten, Zusatzkosten und Anderskosten.

B586

Das Betriebsergebnis ist der Unterschiedsbetrag (Saldo) von den betrieblichen Leistungen (Erlöse) und den betrieblichen Aufwendungen (Kosten).

B587

Das außerordentliche Ergebnis ist der Unterschiedsbetrag von den außerordentlichen Erträgen und den außerordentlichen Aufwendungen. Das außerordentliche Ergebnis ist in der Bilanz gesondert auszuweisen, § 275 HGB.

B588

Übersteigen die Erträge die Aufwendungen wird das Ergebnis als Jahresüberschuss bezeichnet. Ein Jahresfehlbetrag ergibt sich, wenn die Aufwendungen die Erträge übersteigen.

B589

Bei der Aufbereitung der Daten für die BWA werden die Posten der Bilanz und GuV bereinigt, d.h. verrechnet, umgruppiert und verdichtet. Dann werden die neu gefundenen Positionen miteinander in Beziehung gebracht und in Prozente umgerechnet. Die gefundenen Größen lassen Rückschlüsse auf die Entwicklung des Unternehmens zu.

B590

Eigenkapitalrentabilität: Gewinn/EK
Fremdkap.-Rentab.: FK-Zinsen/FK
Gesamtkap.-Rentab.: G+Zinsen/Ges.-Kap.

B591

Durch den Cash-flow wird die Ertragskraft des Unternehmens ermittelt. Er kann ermittelt werden durch

Jahresüberschuss/-fehlbetrag
+ AfA auf Sachanlagen
+ langfr. Rückstellungen(Pensionsrückst.)

B592

Nach der Richtsatzsammlung wird der Gewinn durch Anwendung eines Durchschnittsprozentsatzes überschlägig ermittelt. Wirtschaftl. Umsatz ist die Jahresleistung des Betriebes ohne USt abzüglich Preisnachlässe und Forderungsverluste.

B593

Der wirtschaftliche Wareneinsatz wird ermittelt durch

    Wareneingang (ohne Vorst.)
+ Bestandsminderung
- Eigenverbrauch

B594

Der wirtschaftliche Rohgewinn ergibt sich durch die Differenz von

    wirtschaftlicher Umsatz
- wirtschaftlicher Wareneinsatz

B595

Wirtschaftlicher Rohgewinn ist der Unterschiedsbetrag zwischen Umsatz-erlösen und Wareneinsatz. In Prozent ausgedrückt zum wirtschaftlichen Umsatz ergibt sich die Handelsspanne oder der Rohgewinnsatz = Wirtschaftl. Rohgewinn * 100 / wirtschaftl. Umsatz.

B596

Der wirtschaftliche Reingewinnsatz ergibt sich durch

$$\frac{\text{Reingewinn (i.S.d. EStG) * 100}}{\text{Wirtschaftlicher Umsatz}}$$

B597

Zur statistischen Darstellung eignet sich der Jahresvergleich über mehrere Abrechnungsperioden, der grafisch in Form eines Balken-, Säulen- oder Kurvendiagramms veranschaulicht werden kann. Eine Umrechnung in Prozenten und die Hervorhebung des Mehr und Wenigers bietet sich an.

B598

Zur statistischen Darstellung eignet sich der Jahresvergleich über mehrere Abrechnungsperioden, der grafisch in Form eines Balken, Säulen- oder Kurvendiagramms veranschaulicht werden kann. Eine Umrechnung in Prozenten und die Hervorhebung des Mehr oder Wenigers bietet sich an.

B599

Personal-Statistik
Umsatz-Statistik
Lager-Statistik
Kosten-Statistik
Alle diese Statistiken können den Vergleich zu mehreren Zeiträumen aufnehmen.

B600

Optisch kann dargestellt werden in:

Punktdiagramme, Kreisdiagramme, bild-liche Darstellungsformen, Strich- oder Balkendiagramme.

77

Steuerspirale 1996

Steuereinnahmen
800,0 Milliarden DM

davon in Mio. DM

Einkommensteuer
Zinsabschlag
Vermögensteuer
9 035
11 616   12 110
Zölle 6 592
13 345 Kapitalertragsteuer
Grunderwerbsteuer 6 390
13 743 Kfz-Steuer
Branntweinsteuer 5 085
14 348 Versicherungsteuer
Erbschaftsteuer 4 053
14 696 Grundsteuer
Lotteriesteuer 2 659
16 000 Kirchensteuer*
Kaffeesteuer 2 236
20 698 Tabaksteuer
Biersteuer 1 719
Schaumweinsteuer 1 064
251 278 Mio. DM Lohnsteuer
26 091 Solidaritätszuschlag
237 208 Umsatz-, Mehrwertsteuer
29 458 Körperschaftsteuer
Feuerschutzst. 755
68 251 Mineralöl-steuer
Vergnügungst. 503
45 859 Gewerbesteuer
Grunderwerbst. 305 (Kommunen)
Hundesteuer 304
Totalisatorsteuer 106
7 Schankerlaubnissteuer
Zwischenerzeugnissteuer 52
17 Kinosteuer
Jagd- und Fischereisteuer 49
29 Getränkesteuer
Sportwettsteuer 40
39 Rennwettsteuer
sonstige 286

© Globus   *Schätzung, in der Gesamtsumme nicht enthalten   4164

Lösungen zu den Situationsaufgaben

Lösungsmuster zur Aufgabe Nr: 1

Die stark hervorgehobenen Worte sind Schlagworte, auf die Prüfer achten!

Siehe auch Baustein B281 und B312 sowie KSO-Formular (S. 82/83) und Rentenbescheid (S. 32).

Bei den sonstigen Einkünften i. S. § 22 ESt des ESt-Bescheides handelt es sich um **Leibrenten**. *Sie werden mit dem* **Ertragsanteil** *festgesetzt.*

Frau Jansen bezieht zwei Renten, die mit dem gleichen Ertragsanteil angesetzt wurden. Das deutet darauf hin, dass die Renten zum gleichen Zeitpunkt gewährt wurden. Der Ertragsanteil wurde mit 45 % angesetzt und ist damit sehr hoch. Frau Jansen hat die Renten demnach relativ früh erhalten. Nach der **Tabelle des § 22 EStG** *wäre bei diesem Ertragsanteil das Renteneintrittalter 48 Jahre gewesen.*

Der Ansatz des Ertragsanteils aus der Tab. § 22 setzt voraus, dass die Rente eine Leibrente ist und auf **unbegrenzte Dauer** *gezahlt wird. Frau Jansen erhält zwei Renten. Es könnte sein, dass sie neben einer Rente aus der gesetzlichen Rentenversicherung noch eine weitere Rente aus einer Versorgungskasse erhält.*

Frau Jansen scheint verwitwet zu sein, weil - abgesehen vom Alter - die Einkünfte aus nichtselbst. Arbeit für einen eigenen Rentenanspruch aus der gesetzl. Rentenversicherung zu hoch sind. Wenn Frau Jansen mit dem **vollendeten 48. Lebensjahr** *die Witwenrente erhält, so handelt es sich um die* **große Witwenrente**, *die gezahlt wird, wenn der Anspruchsberechtigte im Zeitpunkt der Rentengewährung älter als 45 Jahre ist. Der Ertragsanteil bleibt auf Lebzeiten* **unverändert**. *Renten werden angesetzt mit dem Bruttobetrag. Ein evtl.* **Zuschuss zur Krankenvers**. *ist* **steuerfrei** *(§ 3 Nr. 14 EStG).*

Von der Bruttorente können Werbungskosten abgesetzt werden, weil die sonstigen Einkünfte i. S. § 22 zu den **Überschusseinkünften** *gehören. Wenn keine höheren Werbungskosten nachgewiesen werden, kann ein* **WK-PB** *in Höhe von* **200 DM** *in Abzug gebracht werden (§ 9a Nr. 1c EStG).*

Vorauszahlungen *werden festgesetzt, wenn sie mindestens* **400 DM** *im KJ. und mindestens* **100 DM** *für einen* **Vorauszahlungszeitpunkt** *betragen, § 37 (5) EStG. Wenn sich die Einkommensverhältnisse von Frau Jansen ändern, so können die Vorauszahlungen angepasst werden. Eine Herabsetzung auf null ist bei Frau Jansen möglich, weil durch den Ansatz der Renteneinkünfte allein ihr zu versteuerndes Einkommen unter den* **Grundfreibetrag** *sinkt.*

Lösungsmuster zur Aufgabe Nr: 2

Die stark hervorgehobenen Worte sind Schlagworte, auf die Prüfer achten!

Einkommensteuer: *Der Steuerpflichtige hat am 10.3., 10.6., 10.9., und 10.12. Vorauszahlungen auf die ESt zu entrichten, die er für den lfd. Vorauszahlungszeitraum voraussichtlich schulden wird. Die ESt-Vorauszahlung entsteht jeweils mit Beginn des Kalendervierteljahres, in dem die Vorauszahlungen zu entrichten sind, oder, wenn die Steuerpflicht erst im Laufe des Kalendervierteljahres begründet wird, mit der Begründung der Steuerpflicht, § 37 (1) EStG.*

Das Finanzamt setzt die Vorauszahlungen durch **Vorauszahlungsbescheid** *fest. Die Vorauszahlungen werden auf der* **Grundlage des letzten ESt-Bescheides** *berechnet. Die festgesetzten Vorauszahlungen* **können angepasst** *werden. Bei der Berechnung der Vorauszahlungen bleiben die Sonderausgaben, die keine Vorsorgeaufwendungen sind und die außergew. Belastungen außer Betracht, es sei denn, sie übersteigen den Betrag von 1.200 DM oder es handelt sich um Aufwendungen, die wie Sonderausgaben abgesetzt werden können i. V. mit § 10e. Eine Vorauszahlung wird nur festgesetzt, wenn sie mindestens 400 DM im KJ. und mindestens 100 DM für einen Vorauszahlungszeitpunkt betragen.*

Gewerbesteuer: *Der Steuerschuldner hat am 15.2., 15.5., 15.8. und 15.11. Vorauszahlungen zu entrichten. Jede* **Vorauszahlung** *beträgt grundsätzlich ein* **Viertel der Steuer,** *die sich bei der* **letzten Veranlagung** *ergeben hat. Die Gemeinde kann die Vorauszahlungen der Steuer* **anpassen.** *Die einzelne Vorauszahlung wird auf den nächsten vollen Betrag in DM nach unten abgerundet. Sie wird nur festgesetzt, wenn sie mindestens 100 DM beträgt, § 19 GewStG.*

Umsatzsteuer: *Der Unternehmer hat* **bis zum 10. Tag** *nach Ablauf jedes Voranmeldezeitraumes eine Voranmeldung abzugeben. Er hat die Steuer selbst zu berechnen und die sich ergebende* **Vorauszahlung bis zum 10. Tag** *nach Ablauf des Voranmeldezeitraumes* **zu zahlen**, *§ 18 (1) UStG.* **Sonderzahlung:** *Bei einer* **Dauerfristverlängerung** *zur Abgabe der mtl. USt-VA hat der Unternehmer eine* **Sondervorauszahlung von 1/11** *der Summe der Vorauszahlungen für das vergangene KJ. zu zahlen. § 47 UStDV.*

Ändern sich die Einkommensverhältnisse des Stpfl., so kann der Stpfl. auf Antrag eine **Herabsetzung bzw. Anpassung** *der Vorauszahlungen für die ESt und GewSt verlangen. Die Gründe sind glaubhaft zu machen. Bei der USt wird kein Antrag auf Herabsetzung benötigt, weil der Unternehmer die Steuer berechnet.*

Lösungsmuster zur Aufgabe Nr. 3:

Die stark hervorgehobenen Worte sind Schlagworte, auf die Prüfer achten!

Bei den **Lohnersatzleistungen**, im Falle von Herrn Lehmann, handelt es sich um das empfangene **Übergangsgeld**, ist nach § 3 **steuerfrei**. Das wird auch auf der Bescheinigung unter "Hinweis für den Versicherten" ausgeführt.

Das empfangene Übergangsgeld unterliegt jedoch dem sogenannten **Progressionsvorbehalt**, nach § 32b (1) Nr. 1a EStG. Wenn Herr Lehmann neben dem steuerfreien Übergangsgeld noch andere est-pflichtige Einkünfte bezieht, so würde sich eine niedrigere ESt ergeben, wenn die Lohnersatzleistungen nicht in die Gesamtrechnung einbezogen würden, weil die **ESt eine Jahressteuer** ist und der **ESt-Tarif** einen **progressiven Verlauf** hat. Das bedeutet: Je niedriger das zu versteuernde Einkommen ist, umso niedriger fällt die ESt aus.

Aus diesem Grund wird zur Besteuerung der anderen steuerpflichtigen Einkünfte bei Bezug von Lohnersatzleistungen ein **besonderer Steuersatz** angewendet. Um diesen besonderen Steuersatz zu ermitteln, werden die steuerfreien Lohnersatzleistungen in die Berechnung des zu versteuernden Einkommens mit einbezogen. Die sich ergebende ESt (nach der Grund- bzw. Splittingtabelle) wird dann ins Verhältnis zu dem **versteuernden Einkommen** gesetzt. Es ergibt sich der Steuersatz in Prozent ausgedrückt, wie folgt:

$$\frac{\text{Steuer nach Tabelle} * 100}{\text{erhöhtes zu verst. Einkommen}} = \text{Steuersatz in \%}$$

Der so ermittelte Steuersatz wird dann **nur** auf die **steuerpflichtigen Einkünfte** angewendet. Dieses Verfahren soll bewirken, dass Personen, die steuerfreie Lohnersatzleistungen erhalten, nicht besser gestellt sind als diejenigen, die nur steuerpflichtige Einnahmen beziehen.

Zu diesem Thema könnte ich noch folgende Stichworte einbringen:

_____

_____

_____

_____

_____

_____

Lösungsmuster zur Aufgabe 4:

Die stark hervorgehobenen Worte sind Schlagworte, auf die Prüfer achten!

Typische Lohnersatzleistungen und Leistungen, die dem Progressionsvorbehalt unterliegen sind:

- *das Arbeitslosengeld oder die Arbeitslosenhilfe*
- *das Krankengeld oder Übergangsgeld*
- *das Mutterschaftsgeld*

Durch den **Progressionsvorbehalt** *wird* **bewirkt, dass die steuerpflichtigen Einkünfte mit dem Steuersatz** *besteuert werden, der sich ergeben würde, wenn die* **steuerfreien Lohnersatzleistungen steuerpflichtig wären.**

Um diesen Effekt zu erzielen, wird ein **besonderer Steuersatz für die steuerpflichtigen Einkünfte** *ermittelt. Dieser Steuersatz ergibt sich dadurch, dass dem zu versteuernden Einkommen die steuerfreien Lohnersatzleistungen zugeschlagen werden. Die sich dann ergebende ESt aus der Grund- bzw. Splittingtabelle wird in einen Prozentsatz umgerechnet.*

Der ermittelte Prozentsatz wird dann nur auf die steuerpflichtigen Einkünfte angewendet.

Dieses Verfahren bewirkt **kein Absinken der Steuerlast** *durch den Bezug der steuerfreien Lohnersatzleistungen* **für die steuerpflichtigen Einkünfte.** *Die steuerfreien Einkünfte, die dem Progressionsvorbehalt unterliegen, werden in § 32b EStG aufgeführt.*

Zu diesem Thema könnte ich noch folgende Stichworte einbringen:

Lösungsmuster zur Aufgabe Nr. 5:

Die hervorgehobenen Worte sind Schlagworte, auf die Prüfer achten!

*Es handelt sich um **Unterhaltsleistungen** an den **geschiedenen oder dauernd getrennt lebenden Ehegatten.***

*Der **Leistende** (Zahlende) kann diese **Zahlungen als Sonderausgaben § 10 (1) Nr. 1 EStG bis zur Höhe von 27.000 DM p.a.** absetzen. Es ist unerheblich, ob die Unterhaltszahlungen freiwillig oder auf Grund einer gesetzlichen Unterhaltspflicht erbracht werden. Es ist ohne Bedeutung, ob es sich um laufende oder einmalige Zahlungen handelt.*

*Neben **Barleistungen** werden **auch Sachleistungen** anerkannt, z.B. Aufwendungen für die Miete. Der Leistende (Zahlende) vermindert durch den Abzug als Sonder-ausgaben sein zu versteuerndes Einkommen und zahlt weniger ESt. Voraussetzung ist jedoch, dass der **Empfänger zustimmt**. Die **Zustimmung** wird durch die **Anlage U** erbracht, die der Leistungsempfänger unterschreibt. Eine **Rücknahme** der Zustimmung ist in dem betreffenden Veranlagungszeitraum dann **nicht mehr möglich**. Die Konsequenz für den **Empfänger** ist, dass er diese Zahlungen im Rahmen seiner eigenen Einkommensteuererklärung bei den **sonstigen Einkünften i.S. § 22** als Einnahmen anzusetzen hat und somit **versteuern muss**. Entstandene Werbungskosten können abgesetzt werden oder ein Pauschbetrag in Höhe von 200 DM.*

*Der Empfänger der Unterhaltszahlungen ist nicht verpflichtet, die Anlage U zu unterschreiben. **Die Zustimmung kann auch widerrufen werden**. Allerdings muss der Widerruf **vor Beginn des Kalenderjahres** dem Finanzamt gegenüber erklärt werden.*

*Stimmt der Empfänger der Leistung nicht zu und unterschreibt die Anlage U nicht, so können diese Aufwendungen nur als **außergewöhnliche Belastungen** unter Berück-sichtigung der **zumutbaren Belastungsgrenze** bei dem Leistenden berücksichtigt werden.*

Zu diesem Thema könnte ich noch folgende Stichworte einbringen:

Lösungsmuster zur Aufgabe Nr. 6:

Die stark hervorgehobenen Worte sind Schlagworte, auf die Prüfer achten!

Der Steuerpflichtige leistete 12 * 1.200 DM gleich 14.400 DM.

Der Steuerpflichtige kann Zahlungen an seinen geschiedenen oder getrennt lebenden Ehegatten bis zur Höhe von 27.000 DM als Sonderausgaben abziehen (sogenanntes Realsplitting), wenn der Empfänger durch die Anlage U diesem Verfahren zustimmt. Die Zustimmung ist erforderlich, weil der Empfänger der Leistung diese bei den Einkünften i.S. § 22 EStG als Einnahme ansetzen muss und versteuern muss.

Durch die Zustimmung und Versteuerung der empfangenen Leistungen erhöht sich somit seine Steuerlast, wenn sein zu versteuerndes Einkommen über dem Grundfreibetrag liegt.

Für den Leistenden kann sich demnach ein steuerlicher Vorteil ergeben, auch wenn er den steuerlichen Nachteil des anderen ersetzt, weil durch die Absetzung der Leistung als Sonderausgaben bei seiner Steuererklärung die steuerliche Entlastung unter Umständen größer ist, als der steuerliche Nachteil bei dem Leistungsempfänger. Dies ist besonders dann der Fall, wenn der Leistende ein hohes zu versteuerndes Einkommen erzielt und der Leistungsempfänger nur ein geringes zu versteuerndes Einkommen hat.

Durch dieses Verfahren wird für die Höhe der Leistungen die Progression des Steuertarifs aufgehoben.

Zu diesem Thema könnte ich noch folgende Stichworte einbringen:

_____

_____

_____

_____

_____

_____

_____

_____

Lösungsmuster zur Aufgabe Nr. 7:

Die stark hervorgehobenen Worte sind Schlagworte, auf die Prüfer achten!

*Es handelt sich um eine **große Witwerrente**.*

*Die **große Witwen- bzw. Witwerrente** **wird gezahlt, wenn der Berechtigte mindestens ein Kind erzieht, das das 18. Lebensjahr noch nicht vollendet hat**, oder für ein **Kind sorgt, dass aufgrund seiner Behinderung** außerstande ist, für sich selbst zu sorgen oder wenn der **Berechtigte das 45. Lebensjahr bei Beginn der Rente vollendet** hat oder der **Berechtigte selbst berufs- oder erwerbsunfähig** ist.*

*Die **große Witwen-/Witwerrente** wird nach dem **Ertragsanteil der Tabelle § 22 EStG** bei den **Einkünften i.S. § 22** angesetzt, wenn die Rente voraussichtlich lebenslänglich gezahlt wird.*

*Die Witwen-/Witwerrente stellt eine **Einkunft i.S. des § 22 EStG** dar im Gegensatz zu den sogenannten **Betriebsrenten**, die Leistungen aus einem früheren Dienstverhältnis sind und **Einkünfte i.S. § 19 EStG**, Einkünfte aus nichtselbständiger Arbeit. **Unfallrenten aus der gesetzlichen Unfallversicherung sind nach § 3 Nr. 1 steuerfrei**, weil in der Leistung durch eine Unfallrente ein Schadenersatz gesehen wird.*

Für Rentennachzahlungen für frühere Jahre erhält der Steuerpflichtige eine Steuerermäßigung, weil es sich um eine Zusammenballung von Einkünften handelt, die mehrere Jahre betrifft und die Steuer übermäßig belasten würde, weil der Einkommensteuertarif progressiv ist, § 34 (3) EStG.

Zu diesem Thema könnte ich noch folgende Stichworte einbringen:

_____

_____

_____

_____

_____

_____

_____

Lösungsmuster zur Aufgabe Nr. 8:

Die stark hervorgehobenen Worte sind Schlagworte, auf die Prüfer achten!

Die sogenannte große Witwenrente wird geleistet,

*1. solange der **Berechtigte mindestens ein Kind erzieht, das das 18. LJ. noch nicht vollendet hat,** oder für ein **Kind sorgt, das wegen körperlicher, geistiger oder seelischer Behinderung außerstande ist, sich selbst zu unterhalten** oder*

*2. wenn der **Berechtigte das 45. LJ. bereits vollendet hat** oder*

*3. solange der **Berechtigte berufs- oder erwerbsunfähig** ist.*

Der Ertragsanteil der großen Witwenrente wird nach der Tabelle des § 22 Nr. 1 Satz 3 EStG ermittelt.

*Die **kleine Witwenrente** wird von der Finanzverwaltung stets als eine **abgekürzte Leibrente** angesehen, weil sie spätestens bei Vollendung des 45. LJ. des Berechtigten in eine große Witwenrente umgewandelt wird.*

Der Ertragsanteil der kleinen Witwenrente ist der Tabelle des § 55 (2) EStDV zu entnehmen.

Zu diesem Thema könnte ich noch folgende Stichworte einbringen:

_____

_____

_____

_____

_____

_____

_____

_____

_____

_____

Lösungsmuster zur Aufgabe Nr. 9:

Die stark hervorgehobenen Worte sind Schlagworte, auf die Prüfer achten!

Es handelt sich

> *um Pfandbriefe*
> *um Schuldverschreibungen*
> *um Aktien*
> *um Anteile an Investmentfonds.*

Bei Aktien werden die Gewinne in Form einer Dividende ausgeschüttet. Die **Dividende** *ist der Anteil von dem auszuschüttenden Gesamtgewinn, der auf den Nennwert einer Aktie entfällt. Bei Ausschüttung von* **Dividenden** *muss die Aktiengesellschaft* **30 %** **Körperschaftsteuer einbehalten** *und auf die sich ergebende Zwischensumme noch einmal* **25 % Kapitalertragsteuer und den Solidaritätszuschlag.** *Der sich ergebende Rest wird dem Anteilseigner (Aktienbesitzer) auf sein Konto gutgeschrieben.*

Die **Dividendeneinkünfte sind bei der ESt jedoch mit dem Bruttobetrag** *anzusetzen bei den Einkünften aus* **Kapitalvermögen.** *Damit jedoch eine Doppelbesteuerung von Körperschaftsteuer und Einkommensteuer vermieden wird, kann die bei der Ausschüttung* **in Abzug gebrachte Körperschaftsteuer, die Kapitalertragsteuer und der Solidaritätszuschlag von der festzusetzenden Einkommensteuer wie eine Vorauszahlung abgezogen werden.**

Dieses Verfahren ist das sogenannte **Anrechnungsverfahren der Anteilseigner** *bei* **Dividendenausschüttungen** *und bewirkt, dass letztlich die Einkünfte aus Dividendenausschüttungen mit dem* **individuellen ESt-Satz versteuert werden,** *der sich in dem betreffenden Veranlagungszeitraum ergibt.*

Zu diesem Thema könnte ich noch folgende Stichworte einbringen:

_____

_____

_____

_____

_____

_____

Lösungsmuster zur Aufgabe Nr. 10:

Die stark hervorgehobenen Worte sind Schlagworte, auf die Prüfer achten!

*Der Inhalt des sogenannten **Bankenerlasses** ist in die **AO** im § **30a** aufgenommen worden.*

*Er beinhaltet, dass die **Finanzbehörden** bei ihren Ermittlungen auf das **besondere Vertrauensverhältnis** zwischen **Kreditinstituten** und ihren Kunden **Rücksicht zu nehmen hat.***

*So dürfen von **Konten und Depots** der Bankkunden **keine Abschriften** angefertigt werden und **Kontrollmitteilungen sollen unterbleiben,** wenn gegen den Bankkunden kein Steuerstrafverfahren eingeleitet ist oder keine Steuerordnungswidrigkeit vorliegt.*

*Um diesen Anforderungen zu entsprechen, ist der sogenannte **Freistellungsauftrag** eingeführt worden. Im **Freistellungsauftrag** erklärt der **Steuerpflichtige** seiner **Bank** gegenüber, dass sich seine **Zinseinnahmen** im Rahmen der steuerlichen Freibeträge, den **Sparerfreibeträgen** bewegt. Die Bank kann dann von der **Einbehaltung der Zinsabschlagsteuer** absehen.*

*Die **Freistellungsaufträge** gehen der **Finanzverwaltung** zu. Erst wenn ein Bankkunde durch verschiedene Freistellungsaufträge die Höhe der **Sparerfreibeträge** **überschreitet, wird die Finanzverwaltung tätig** und fordert unter Umständen von dem oder den Kreditinstitut(en) die **Offenlegung der Konten** des Steuerpflichtigen.*

Zu diesem Thema könnte ich noch folgende Stichworte einbringen:

_____

_____

_____

_____

_____

_____

_____

_____

_____

_____

Lösungsmuster zur Aufgabe Nr: 11

Die stark hervorgehobenen Worte sind Schlagworte, auf die Prüfer achten!

Zu unterscheiden ist die Fremdnutzung und die Eigennutzung.

Fremdnutzung der Einliegerwohnung:

*Bei der Einkunftsart **Vermietung und Verpachtung ist der Überschuss zu ermitteln.** Als Einnahme ist die vereinnahmte Miete anzusetzen **einschließlich der vereinnahmten Nebenkosten.** An **Werbungskosten** können **alle Aufwendungen geltend gemacht werden, die zum Erhalt, zur Sicherung oder zum Erwerb der Einliegerwohnung aufgewendet wurden.***

*In der anliegenden Aufstellung wurden von den Gesamtaufwendungen für das Haus prozentual die anteiligen Kosten für die Einliegerwohnung herausgerechnet. Der angewandte Prozentsatz ergibt sich aus dem Verhältnis der Gesamtquadratmeter des Hauses zu den Quadratmetern der Einliegerwohnung. Diese Methode ist zulässig, weil der **Verteilungsschlüssel auf der Basis der Quadratmeter** eine anerkannte Größe ist.*

*Die Abschreibungen sind ebenfalls unter den WK anzuführen. Wenn es sich um ein älteres Gebäude handelt, so ist die **lineare AfA nach § 7 (4) EStG** anzusetzen, das sind **2 % p.a.***

*Wenn das Haus von den Eheleuten Worms im Jahr der Fertigstellung erworben wurde, so gelten sie als **Bauherr** und die **degressive AfA nach § 7 (5) EStG** kann angesetzt werden. Welche Staffel des Absatzes fünf angewendet werden kann, ist abhängig vom Zeitpunkt des Erwerbs des Gebäudes.*

Selbstnutzung:

*Wenn das Gebäude **vor dem 31.12.86** erworben wurde und wenn die Eheleute Worms den Mietwert der eigengenutzten Wohnung in der Überschussrechnung angesetzt haben, so können sie die **gesamten Werbungskosten ansetzen, wenn sie nicht auf die Versteuerung des eigengenutzten Wohnraums in der Zwischenzeit verzichtet haben.** Diese sogenannte **große Übergangsregel** ist bis zum Veranlagungszeitraum **1998** möglich. **Danach ist der eigengenutzte Wohnraum nicht mehr zu versteuern.***

*Wurde das Gebäude **nach dem 31.12.86** angeschafft, so war für den eigengenutzten Wohnraum nur der Ansatz nach **§ 10e EStG als Sonderausgaben** möglich und **ab 1996 die Förderung des Eigenheimzulagengesetzes**, wenn die Voraussetzungen für die Inanspruchnahme vorgelegen haben.*

Lösungsmuster zur Aufgabe Nr: 12

Die stark hervorgehobenen Worte sind Schlagworte, auf die Prüfer achten!

Werden bereits vorhandene Teile eines Gebäudes gegen neue Teile ersetzt, so handelt es sich um einen **Erhaltungsaufwand.**

Die Aufwendungen können bei der **Fremdvermietung als Werbungskosten** *nur für die Einliegerwohnung steuerlich geltend gemacht werden.*

Nach den **EStDV § 82b** *ist es möglich, dass größere Aufwendungen für die Erhaltung eines Gebäudes auf* **zwei bis fünf Jahre verteilt werden können.**

* * *

Die Eheleute Worms müssen jedoch darauf achten, dass innerhalb der **ersten drei Jahre vom Datum der Anschaffung die Summe der Erhaltungsaufwendungen nicht 15 % von den Anschaffungskosten des Gebäudes übersteigen,** *weil es sich sonst um einen* **anschaffungsnahen Aufwand** *handelt, der nur über die AfA berücksichtigt werden kann (EStDV 157 (4)).*

Bis *zum Ende des Veranlagungszeitraums 1998 ist es möglich, an Stelle der nachgewiesenen lfd. Aufwendungen einen* **Pauschbetrag von 42 DM für jeden Quadratmeter** *anzusetzen. Dieser Pauschbetrag ist ab dem Veranlagungszeitraum 1999 gestrichen worden. Der* **Pauschbetrag kann neben den Schuldzinsen und den Absetzungen für Abnutzung angesetzt werden.**

Zu diesem Thema könnte ich noch folgende Stichworte einbringen:

_____

_____

_____

_____

_____

_____

_____

Lösungsmuster zur Aufgabe Nr. 13:

Die stark hervorgehobenen Worte sind Schlagworte, auf die Prüfer achten!

*Die Aufwendungen für **Lehrmittel** für die Tochter Sabine sind **nicht absetzbar**.*

*Frau Müller erhält für ihre Tochter das **Kindergeld** und als alleinerziehende Mutter erhält sie noch den **Haushaltsfreibetrag**, der die Progression des ESt-Tarifes für Einelternfamilien mildern soll. Mit diesen Vergünstigungen sind die Aufwendungen für schulpflichtige Kinder **abgegolten**.*

*Darüber hinaus kann Frau Müller als alleinstehende und erwerbstätige Mutter für die 7 jährige Tochter Aufwendungen für **Kinderbetreuung** geltend machen, die jedoch belegt werden müssen. Der **Höchstbetrag beträgt 4.000 DM** nach § 33c EStG. Bei diesen Aufwendungen dürfen jedoch **nur** die Kosten für die Betreuung geltend gemacht werden, **nicht** jedoch die Aufwendungen für den **Flötenunterricht**.*

*Sollte Frau Müller der Großmutter für die Betreuung der Enkelin ein Entgelt zahlen, so könnte dies als Aufwendungen für Kinderbetreuung geltend gemacht werden. Auf die nachgewiesenen Aufwendungen für Kinderbetreuung muss allerdings die **zumutbare Belastung des § 33 EStG** angerechnet werden.*

*Wenn keine Aufwendungen geltend gemacht werden, so kann ein **Pauschbetrag** in Höhe von **480 DM** geltend gemacht werden.*

*Die obigen Aufwendungen können **nur für die Kalendermonate** berücksichtigt werden, in denen sie entstanden sind. Sie müssen gegebenenfalls **gezwölftelt** werden.*

Zu diesem Thema könnte ich noch folgende Stichworte einbringen:

_____

_____

_____

_____

_____

_____

Lösungsmuster zur Aufgabe Nr. 14:

Die stark hervorgehobenen Worte sind Schlagworte, auf die Prüfer achten!

Steuerliche Vorteile für Steuerpflichtige mit Kindern werden an verschiedenen Stellen des Gesetzes genannt. Als wichtigste Regelungen können genannt werden:

*a) Erhält ein Stpfl. einen **Kinderzuschuss aus der gesetzl. Rentenversicherung,** so ist dieser Zuschuss steuerfrei, § 3 Nr. 1b EStG.*

*b) Erhält der Stpfl. anlässlich der **Geburt eines Kindes** eine Zuwendung von seinem Arbeitgeber, so ist der **steuerfrei, soweit die Zuwendung 700** DM nicht übersteigt, § 3 Nr. 15 EStG.*

*c) Steuerfrei ist die **Leistung des Arbeitgebers für Kindergärten** oder vergleichbare Einrichtungen für nicht schulpflichtige Kinder, § 3 Nr. 67 EStG.*

*d) Das **Erziehungsgeld** ist steuerfrei, § 3 Nr. 67 EStG.*

*e) **30 % des Schulgeldes** für eine Ersatz- oder Ergänzungsschule kann als **Sonderausgabe** abgesetzt werden, § 10 (1) Nr. 9 EStG.*

*f) Bei den agB's **vermindert sich die zumutbare Belastungsgrenze,** wenn Kinder zum Haushalt des Stpfl. gehören, § 33 (3) EStG.*

*g) Ist das Kind behindert, so kann der **Behinderten-Pauschbetrag** auf den Stpfl. übertragen werden, wenn ihn das Kind nicht in Anspruch nimmt, § 33b (5) EStG.*

*h) Ist das Kind in Ausbildung, kann u. U. ein **Ausbildungsfreibetrag** in Anspruch genommen werden, § 33a (2) EStG.*

i) Ist das Kind über 27 Jahre alt und wird es noch vom Stpfl. unterhalten, so kann u. U. ein Betrag nach § 33 (1) EStG angesetzt werden.

*j) Ist der Stpfl. alleinerziehend und erwerbstätig, so erhält er einen **Haushaltsfreibetrag,** § 32 (7) EStG.*

*k) Alleinerziehende und erwerbstätige Stpfl. können **Kinderbetreuungskosten** geltend machen, § 33c EStG.*

*l) Es wird ein **Kinderfreibetrag** gewährt, wenn er sich günstiger auswirkt als das gezahlte **Kindergeld.***

*m) Wenn wegen der Behinderung des Kindes eine **Haushaltshilfe** beschäftigt wird, so können u. U. diese Aufwendungen oder ein Pauschbetrag in Anspruch genommen werden, § 33a (3) EStG*

Siehe auch sogen. "Baukindergeld", Zuschlag EigenheimzulG, Abschlag bei KiSt.

Lösungsmuster zur Aufgabe Nr. 15:

Die stark hervorgehobenen Worte sind Schlagworte, auf die Prüfer achten!

*Herr Mustermann führt einen **doppelten Haushalt.** Der doppelte Haushalt ist **beruflich veranlasst** durch die Aufnahme der Arbeit in Frankfurt.*

*Eine doppelte Haushaltsführung liegt vor, wenn der Arbeitnehmer außerhalb des Ortes, in dem er einen eigenen Hausstand unterhält, beschäftigt ist und auch am Beschäftigungsort wohnt. Der **Abzug der Aufwendungen** als Werbungskosten ist bei einer Beschäftigung am selben Ort auf insgesamt **zwei Jahre begrenzt**.*

Herr Mustermann kann die notwendigen Mehraufwendungen für die doppelte Haushaltsführung wie folgt geltend machen:

*1. Aufwendungen für Fahrten vom Beschäftigungsort zum Ort des eigenen Hausstandes und zurück (sogenannte **Familienheimfahrten**). Er kann pro Woche nur eine Fahrt (einfache Strecke) in Abzug bringen. Es werden pro gefahrene km 0,70 DM angesetzt. Für Herrn Mustermann ergibt sich 0,70 DM * 230 km.*

*Anstelle der Aufwendungen für eine Heimfahrt an den Ort des eigenen Hausstandes können die **Gebühren für ein Ferngespräch** (günstigster Tarif) bis zu einer Dauer von 15 Minuten mit Angehörigen, die zum eigenen Hausstand des Arbeitnehmers gehören, berücksichtigt werden.*

*2. Für die erste **Fahrt zu Beginn und die letzte Fahrt** am Ende der doppelten Haushaltsführung können die **gefahrenen km angerechnet** werden. Sie werden mit 0,52 DM angesetzt, LStR Abschnitt 38 (2).*

*3. Notwendige **Verpflegungsmehraufwendungen für die ersten drei Monate** nach der Aufnahme der Beschäftigung am neuen Beschäftigungsort können für jeden Kalendertag die Pauschsätze angesetzt werden, die auch für mehrtägige Dienstreisen gelten. Z.B. bei einer Abwesenheit von mehr als 24 Std. 46 DM, bei einer Abwesenheit von 14 bis 24 Std. 20 DM und bei einer Abwesenheit von 8 bis 10 Std. 10 DM.*

4. Notwendige Aufwendungen für die Zweitwohnung: Es können die tatsächlichen Kosten, soweit sie nicht überhöht sind, geltend gemacht werden. Für Herrn Mustermann wäre die volle Miete in Höhe von 330 DM anzusetzen.

Lösungsmuster zur Aufgabe Nr. 16:

Die stark hervorgehobenen Worte sind Schlagworte, auf die Prüfer achten!

Wenn ein Fahrzeug dem Arbeitnehmer von seinem Arbeitgeber unentgeltlich zur privaten Nutzung überlassen wird, dann gelten die Vorschriften der LStR Abschnitt 31 Absatz 7.

Es sind zwei Arten möglich, wie der private Nutzungswert ermittelt wird:

1. *Pauschalierung des Nutzungswertes oder*
2. *der genaue Nachweis durch ein Fahrtenbuch.*

*Zu 1: Vom inländischen **Listenpreis** des Kfz's (incl. Sonderausstattung) im Zeitpunkt der Erstzulassung (auch für gebrauchte oder geleaste Fahrzeuge), abgerundet auf volle 100 DM, ist **1 % pro Monat** zu rechnen. Dieser Satz erhöht sich um **0,03 %**, wenn das Fahrzeug auch für Fahrten zwischen Wohnung u. Arbeitsstätte benutzt werden darf. Wird das Fahrzeug zu Heimfahrten im Rahmen einer doppelten Haushaltsführung genutzt, so erhöht sich der Wert um **0,002 %** für jede Fahrt, für die der Werbungskostenabzug nach § 9 (1) S. 3 Nr. 5 EStG ausgeschlossen ist.*

*Zu 2: Wird ein ordnungsmäßiges **Fahrtenbuch** geführt, kann der private Nutzungswert angesetzt werden, der sich aus dem **Anteil der Gesamtkosten des Kraftwagens im Verhältnis der Privatfahrten zur Gesamtfahrtstrecke** ergibt. Die Gesamtkosten sind als Summe der Nettoaufwendungen zuzüglich Umsatzsteuer und Absetzung für Abnutzung zu ermitteln. Im Fahrtenbuch sind die dienstlich und privat zurückgelegten Fahrtstrecken gesondert und laufend nachzuweisen. Für dienstliche Fahrten sind mindestens folgende Angaben erforderlich:*

a) *Datum und Kilometerstand zu Beginn und am Ende jeder einzelnen Auswärtstätigkeit (Dienstreise, Einsatzwechseltätigkeit, Fahrtätigkeit),*
b) *Reiseziel und Reiseroute,*
c) *Reisezweck und aufgesuchte Geschäftspartner.*

Für Privatfahrten genügen jeweils Kilometerangaben; für Fahrten zwischen Wohnung und Arbeitsstätte genügt jeweils ein kurzer Vermerk im Fahrtenbuch. Die Führung des Fahrtenbuchs kann nicht auf einen repräsentativen Zeitraum beschränkt werden, selbst wenn die Nutzungsverhältnisse keinen größeren Schwankungen unterliegen.

*Das **Verfahren** (1 oder 2) darf **während eines Kalenderjahres für dasselbe Fahrzeug nicht gewechselt werden**. Bei der Veranlagung zur Einkommensteuer ist der Arbeitnehmer nicht an das für die Erhebung der LSt gewählte Verfahren gebunden.*

Lösungsmuster zur Aufgabe Nr. 17:

Die stark hervorgehobenen Worte sind Schlagworte, auf die Prüfer achten!

Bei den auf dem Leistungsbescheid des Arbeitsamtes angeführten Leistungen handelt es sich um den Bezug von **Arbeitslosengeld.** *Das Arbeitslosengeld unterliegt dem* **Progressionsvorbehalt des § 32b EStG.**

Der auf der Lohnsteuerkarte bescheinigte Bruttoarbeitslohn wird bei der Berechnung des zu versteuernden Einkommens bei den Einkünften aus nichtselbständiger Arbeit mit einbezogen. Wenn sich ein positiver Betrag bei dem zu versteuernden Einkommen ergibt, so wird auf diese Summe **ein besonderer Steuersatz** *angewendet.*

Wie sich dieser Steuersatz errechnet ist ausführlich in den Lösungsmustern der Aufgaben 3 und 4 dargestellt.

Zu diesem Thema könnte ich noch folgende Stichworte einbringen:

_____

_____

_____

_____

_____

_____

_____

_____

_____

_____

_____

_____

Lösungsmuster zur Aufgabe Nr. 18:

Die stark hervorgehobenen Worte sind Schlagworte, auf die Prüfer achten!

Der Bezug von Arbeitslosengeld unterliegt dem Progressionsvorbehalt. Welche Bedeutung der Progressionsvorbehalt hat und wie der besondere Steuersatz errechnet wird, der auf die steuerpflichtigen Einkünfte angewendet wird, ist ausführlich in den Lösungsmustern der Aufgaben 3 und 4 dargestellt.

Zu den auf dem Bescheid erwähnten 800 DM ist Folgendes anzuführen:

*Ein **Arbeitnehmer, der nur Einkünfte aus nichtselbständiger Arbeit bezogen hat, muss nicht zur Einkommensteuer veranlagt werden.** Dies gilt auch, wenn er neben den Einkünften aus nichtselbständiger Arbeit **andere Einkünfte des § 2 EStG** bezogen hat und/oder **Lohnersatzleistungen** oder Leistungen, die dem Progressionsvorbehalt unterliegen, und diese Einnahmen **nicht höher als 800 DM** im Kalenderjahr betrugen, § 46 (2) Nr. 1.*

*Der Steuerpflichtige **kann** jedoch eine **Veranlagung beantragen**, § 46 (2) EStG.*

*Sollte eine Veranlagung stattfinden, so sind Einkünfte, von denen kein Steuerabzug vom Arbeitslohn vorgenommen wurde und wenn diese nicht mehr als 800 DM betragen haben, von dem Einkommen (also die Zwischensumme, die sich vor dem zu versteuernden Einkommen ergibt) abzuziehen. Das heißt also, dass diese **Einkünfte steuerfrei bleiben** (§ 46 (3) EStG).*

*Dieses Verfahren ist der sogenannte **Härteausgleich** im Sinne des § 46 (3).*

*Betragen die Nebeneinkünfte mehr als 800 DM, aber nicht mehr als 1600 DM, so wird der **Härteausgleich i.S. § 70 EStDV** durchgeführt. Dieser Härteausgleich führt zu einer **gleitenden Milderung** der Versteuerung der Nebeneinnahmen bis 1.600 DM. Nebeneinnahmen über 1600 DM unterliegen der vollen Besteuerung.*

Zu diesem Thema könnte ich noch folgende Stichworte einbringen:

_____

_____

_____

_____

_____

_____

Lösungsmuster zur Aufgabe Nr. 19:

Die stark hervorgehobenen Worte sind Schlagworte, auf die Prüfer achten!

*Aufgrund der **freien Vertragsgestaltung** ist es möglich, dass ein Eigentümer seine Eigentumswohnung **billiger** oder sogar jemandem **unentgeltlich überlässt**.*

*Im § 21 Abs. 2 Satz 2 EStG heißt es: **"Beträgt das Entgelt für die Überlassung einer Wohnung zu Wohnzwecken weniger als 50 vom Hundert der ortsüblichen Marktmiete, so ist die Nutzungsüberlassung in einen entgeltlichen und einen unentgeltlichen Teil aufzuteilen."***

*Für Frau Mustermann bedeutet das, dass sie die **vollen Werbungskosten** ansetzen kann, wenn sie ihrer Tochter die Miete für **10 DM** oder **7 DM** pro Quadratmeter vermietet.*

*Bei einem Entgelt von **6 DM** pro Quadratmeter kann sie nur **45,15 %** der Werbungskosten ansetzen, weil 6 DM 45,15 % der **ortsüblichen Marktmiete** entsprechen.*

Diese Aufteilung wäre auch vorzunehmen, wenn an fremde Personen vermietet würde.

*Damit das **Mietverhältnis an die Tochter** anerkannt wird, ist es erforderlich, dass die **Tochter über eigene Einkünfte** verfügt. Eine Vermietung an ein **unterhaltspflichtiges Kind** ohne eigene Einkünfte würde einen **Gestaltungsmissbrauch** darstellen. In diesem Fall würde das Mietverhältnis nicht anerkannt werden.*

Zu diesem Thema könnte ich noch folgende Stichworte einbringen:

_____

_____

_____

_____

_____

_____

_____

_____

Lösungsmuster zur Aufgabe Nr. 20:

Die stark hervorgehobenen Worte sind Schlagworte, auf die Prüfer achten!

Ob dies möglich ist, ist von verschiedenen Voraussetzungen abhängig.

Es ist zu prüfen, ob die **Tochter Sandra steuerliches Kind ist** *(Voraussetzungen siehe Lösungsmuster zur Aufgabe Nr. 24). Wenn Sandra unterhaltsberechtigt ist, kann Frau Mustermann die Förderung nach dem Eigenheimzulagengesetz auch dann in Anspruch nehmen, wenn sie nicht selbst, sondern die unterhaltsberechtigte Tochter unentgeltlich die Wohnung nutzt.*

Weitere Voraussetzung ist, dass **Frau Mustermann** *noch einen* **rechtlichen Anspruch auf die Förderung nach dem Eigenheimzulagengesetz** *hat. (Siehe auch Lösungsmuster zur Aufgabe Nr. 23)*

Zu diesem Thema könnte ich noch folgende Stichworte einbringen:

_____

_____

_____

_____

_____

_____

_____

_____

_____

_____

_____

_____

_____

Lösungsmuster zur Aufgabe Nr: 21

Die stark hervorgehobenen Worte sind Schlagworte, auf die Prüfer achten!

Spenden zur Förderung mildtätiger, kirchlicher, religiöser und wissenschaftlicher Zwecke und der als besonders förderungswürdig anerkannten gemeinnützigen Zwecke sind im Rahmen der Höchstbeträge abzugsfähig. Für den Gewerbetreibenden ergibt sich sowohl bei seiner Einkommensteuer als auch bei der Gewerbesteuer eine Abzugsmöglichkeit.

Voraussetzung ist jedoch, dass eine Spendenbescheinigung vorliegt. Bei dem Kopiergerät handelt es sich um eine Sachspende. Auf der Quittung ist der Wert und die genaue Bezeichnung der gespendeten Sache anzugeben. Maßgebend ist der Marktwert. Es müssen objektive Anhaltspunkte erkennbar sein, dass der Kopierer noch einen Wert in Höhe von 3.000 DM besitzt.

Bei der Einkommensteuer ist ein Abzug der Spenden bis 5 % des Gesamtbetrages der Einkünfte oder auf 2 o/oo der Summe der gesamten Umsätze und der aufgewandten Löhne und Gehälter möglich.

Bei der Gewerbesteuer ist ein Abzug bis 5 % des um die Hinzurechnungen nach § 8 Nr. 9 erhöhten Gewinn aus Gewerbebetrieb oder 2 o/oo der Summe der gesamten Umsätze und der im Wirtschaftsjahr aufgewendeten Löhne und Gehälter möglich.

In beiden Fällen erhöht sich der Prozentsatz auf weitere 5 %, wenn der Empfänger eine wissenschaftliche, mildtätige und besonders förderungswürdig anerkannte kulturelle Einrichtung ist.

Zu diesem Thema könnte ich noch folgende Stichworte einbringen:

_____

_____

_____

_____

_____

_____

_____

_____

Lösungsmuster zur Aufgabe Nr: 22

Die stark hervorgehobenen Worte sind Schlagworte, auf die Prüfer achten!

*Spenden können nur dann angesetzt werden, wenn der Stpfl. endgültig wirtschaftlich belastet ist (EStR 111 (1) S. 4). Das heißt der **Opfergedanke** steht im Vordergrund. Es darf keine Gegenleistung irgendeiner Art erfolgen.*

*Die Ausgaben müssen für **Zwecke** erfolgen, die der **Gesetzgeber begünstigt**. Der Empfänger muss zum Empfang dieser Spenden berechtigt sein. Nach § **10b (1) EStG** werden die Ausgaben zur **Förderung mildtätiger, kirchlicher, religiöser, wissenschaftlicher und der als besonders förderungswürdig anerkannten gemeinnützigen Zwecke** bis zur Höhe von insgesamt 5 % des Gesamtbetrags der Einkünfte oder 2 v. Tausend der Summe der gesamten Umsätze und der im Kalenderjahr aufgewendeten Löhne und Gehälter begünstigt.*

*Der Empfänger hat eine **Bescheinigung** über den Eingang der Spende auszustellen. Bei Spenden unter **100 DM** genügt ein **Zahlungsbeleg** der Post oder des Kreditinstituts, wenn der Verwendungszweck der Spende auf dem vom Empfänger hergestellten Einzahlungsbeleg aufgedruckt ist. Ansonsten muss die Spendenquittung nach einem amtlich vorgeschriebenen Muster erstellt werden.*

*Die Anlage 7 zu den EStR 111 nennt die Zwecke, die als besonders förderungswürdig anerkannt sind. So werden **gefördert der Sport, die Erziehung, Volks- und Berufsbildung, Jugendpflege, Heimatpflege, die Zwecke der Spitzenverbände der freien Wohlfahrtspflege (darunter auch das Dt. Rote Kreuz)** usw.*

*Der Begriff der Gemeinnützigkeit wird in der AO § 52 definiert. Dort heißt es, dass "eine Körperschaft **gemeinnützige Zwecke** (verfolgt), wenn ihre Tätigkeit darauf gerichtet ist, die **Allgemeinheit** auf **materiellem, geistigem oder sittlichem Gebiet selbstlos zu fördern**."*

Zu diesem Thema könnte ich noch folgende Stichworte einbringen:

_____

_____

_____

_____

_____

Lösungsmuster zur Aufgabe Nr. 23:

Die stark hervorgehobenen Worte sind Schlagworte, auf die Prüfer achten!

Die Förderung nach dem Eigenheimzulagengesetz steht Steuerpflichtigen zu, die noch **keine Förderung über § 7b oder § 10e EStG in Anspruch genommen haben** *und die* **nach dem 31.12.95** *sich eine Wohnung angeschafft haben und auch selbst nutzen.*

Für eine neue Wohnung beträgt die **Förderung 5 % der Anschaffungskosten,** *höchstens jedoch* **5.000 DM** *und für eine ältere Wohnung (älter als zwei Jahre seit Fertigstellung) beträgt die* **Förderung 2,5 % der Anschaffungskosten, höchstens 2.500 DM.**

Der Förderungsgrundbetrag besteht auch bei Ausbauten- und Erweiterungsmaßnahmen für die Wohnung jedoch nicht, wenn noch gleichzeitig die Grundförderung auf ein anderes oder dasselbe Objekt läuft.

Steuerpflichtige erhalten zu der Grundförderung eine **Kinderzulage** *für jedes Kind, das zu ihrem Haushalt gehört, in Höhe von* **1.500 DM.**

Durch die Förderung der Eigenheimzulage können nur im **Inland** *gelegene Wohnungen bzw. Häuser begünstigt werden. Es werden* **keine Ferien- oder Wochenendwohnungen** *begünstigt.*

Um in den Genuss der Eigenheimzulage zu gelangen, darf der **Gesamtbetrag der Einkünfte** *bei Alleinstehenden nicht über* **120.000 DM** *und bei Verheirateten nicht über* **240.000 DM** *pro Jahr in den letzten* **zwei Jahren** *betragen.*

Die Förderung wird **acht Jahre** *vom Jahr der Fertigstellung bzw. der Herstellung gewährt.*

Wird während des Förderungszeitraumes die **Eigennutzung ausgesetzt,** *so entfällt für diesen Zeitraum die* **Förderung.** *Der Zeitraum von* **acht Jahren kann nicht verlängert** *werden. Wird während des Förderungszeitraums jedoch das Objekt gewechselt, so kann der Restförderzeitraum auf das* **neue Objekt übertragen** *werden.*

Zu diesem Thema könnte ich noch folgende Stichworte einbringen:

_____

_____

_____

_____

103

Lösungsmuster zur Aufgabe 24:

Die stark hervorgehobenen Worte sind Schlagworte, auf die Prüfer achten!

*Der steuerliche **Kindbegriff** wird in § 32 EStG geregelt.*

*Kind ist, wer im **ersten Grad** mit dem Steuerpflichtigen verwandt ist. Das sind **leibliche Kinder** und **Adoptivkinder**. Kinder sind weiterhin die **Pflegekinder** Voraussetzung ist jedoch, dass der Stpfl. diese Kinder in seinem Haushalt aufgenommen hat, auf seine eigenen Kosten unterhält und das Obhuts- und Pflegeverhältnis zu den leiblichen Eltern nicht mehr besteht.*

*Von der Geburt bis zum **vollendeten 18. Lebensjahr** werden die Kinder steuerlich anerkannt. **Steuerliche Begünstigungen** werden auf **die Monate** gewährt, in denen die Voraussetzungen für die Anerkennung erfüllt waren. Angefangene Monate gelten als volle Monate.*

Ab dem 18. Lebensjahr werden Kinder steuerlich nur noch anerkannt, wenn bestimmte Voraussetzungen vorliegen. Das sind:

*1. Kinder werden bis **zum 21. Lebensjahr** anerkannt, wenn sie **arbeitslos** sind und der Arbeitsvermittlung im Inland zur Verfügung stehen.*

*2. Kinder werden bis zum **vollendeten 27. Lebensjahr** anerkannt, wie sie für einen **Beruf ausgebildet** werden. Bei Kindern, die den gesetzl. **Grundwehrdienst oder Zivildienst geleistet haben, verlängert** sich der Zeitraum über das 27. Lebensjahr hinaus, für die **Dauer ihrer Dienstzeit**.*

*3. Kinder werden **ohne eine Altersbegrenzung** steuerlich anerkannt, wenn sie wegen körperlicher, geistiger oder seelischer **Behinderung außerstande sind, sich selbst zu unterhalten**.*

Die steuerlichen Vorteile, die ein Steuerpflichtiger erhält, wenn zu seinem Haushalt Kinder gehören, sind in dem Lösungsmuster zur Aufgabe Nr. 14 dargestellt.

Zu diesem Thema könnte ich noch folgende Stichworte einbringen:

Lösungsmuster zur Aufgabe Nr. 25:

Die hervorgehobenen Worte sind Schlagworte, auf die Prüfer achten!

*Die **Gemeinde**, in deren Bezirk der Arbeitnehmer am 20. Sept. des vorangegangenen Kalenderjahres seinen Wohnsitz hatte, ist für die **Ausstellung der Lohnsteuerkarte** zuständig. Die LSt-Karte wird nach amtlich vorgeschriebenen Muster erstellt.*

*Sie enthält Angaben, die für die monatliche Berechnung des Arbeitslohns bzw. die entsprechende Lohnsteuer und Kirchensteuer für den **Arbeitgeber von Belang** sind.*

> *Stkl. I:* **Für Ledige und Verheiratete, die dauernd getrennt leben oder verwitwete Personen.**

> *Stkl. II:* **Alleinerziehende Steuerpfl. Es ist der Haushaltsfreibetrag eingearbeitet.**

> *Stkl. III:* **Für verheiratete Arbeitnehmer, wenn beide Ehegatten unbeschränkt einkommensteuerpflichtig sind und nicht dauernd getrennt leben. Beziehen beide Arbeitslohn, dann erhält der andere Ehegatte die Stkl. V. Verwitwete Stpfl. erhalten ein Jahr nach dem Tod ihres Ehegatten noch die Stkl. III.**

> *Stkl. IV:* **Für beide Ehegatten, die beide Arbeitnehmer sind.**

> *Stkl. V:* **Für den Stpfl., der Arbeitnehmer ist und sein Ehegatte die Stkl. III erhielt.**

> *Stkl. VI:* **Für Arbeitnehmer, die von mehreren Arbeitgebern Lohn beziehen, für die zweite oder weitere Steuerkarten.**

*Der **Unterschied der einzelnen Steuerklassen** besteht darin, dass in den Lohnsteuertabellen von denen die Lohnsteuer berechnet wird, schon **Steuervorteile (Pauschbeträge)** eingearbeitet sind, die diese Personengruppen beanspruchen können.*

*Auf der Steuerkarte sind weiterhin die **Zähler für die Kinderfreibeträge** einzutragen.*

*Es wird eingetragen, ob der oder die Steuerpflichtigen einer **Kirche angehören**, für die KiSt erhoben wird.*

*Auf Antrag kann ein **Freibetrag** eingetragen werden, wenn der Stpfl. nachweist, dass ihm bestimmte Ausgaben entstehen, die zu einer niedrigeren Steuer führen werden. Der Arbeitgeber ist dann verpflichtet, die Steuer vom Arbeitslohn von einer tieferen Stufe der Lohnsteuertabelle abzulesen. Die steuerlichen Vorteile wirken sich dann für diese Stpfl. sofort bei der Berechnung des Arbeitslohnes aus.*

Lösungsmuster zur Aufgabe Nr. 26:

Die stark hervorgehobenen Worte sind Schlagworte, auf die Prüfer achten!

Wenn für den Steuerpflichtigen schon im Voraus abzusehen ist, dass er steuersenkende Aufwendungen für den betreffenden Veranlagungszeitraum geltend machen kann, kann er beim **zuständigen Finanzamt bis 30.11.** *des Jahres einen Lohnsteuer-Ermäßigungsantrag stellen.*

Der Steuerpflichtige erhält dann auf seiner **Steuerkarte** *einen* **Freibetrag eingetragen.** *Der Arbeitgeber hat dann bei dem Abzug der Lohnsteuer vom Arbeitslohn den Freibetrag zu berücksichtigen und die* **monatliche Lohnsteuer** *von einer* **tieferen Tabellenstufe abzulesen.** *Der Arbeitnehmer erhält einen höheren Nettolohn. Die Ermäßigungsgründe wirken sich für ihn sofort bei seiner Lohn- bzw. Gehaltszahlung aus.*

Es gibt antragsfähige Ermäßigungsgründe, die **unbeschränkt eingetragen** *werden können und solche, die in der* **Höhe beschränkt** *sind.*

Unbeschränkt werden Freibeträge eingetragen für die **Förderung des eigengenutzten Wohnraums nach § 10e** *und dem sogenannten* **Baukindergeld des § 34 f EStG.**

Ebenso kann die **Vorkostenpauschale in Höhe von 3.500 DM** *oder die* **Erhaltungsaufwendungen in Höhe bis 22.500 DM nach § 10i EStG** *eingetragen werden.*

Hat ein Arbeitnehmer **Verluste aus anderen Einkunftsarten** *(z.B. aus Vermietung und Verpachtung), so können diese ebenfalls eingetragen werden.*

Beschränkt abzugsfähige Ermäßigungsgründe:

Erhöhte Aufwendungen *bei den* **Werbungskosten, Sonderausgaben** *oder* **außergewöhnlichen Belastungen** *können nur eingetragen werden, wenn sich ein Freibetrag von* **mindestens 1.200 DM ergibt.**

Ansonsten können für **alle** *WK, SA oder agB, die das Gesetz nennt, höhere Aufwendungen geltend gemacht werden, soweit sie die im Gesetz genannten* **Pauschbeträge übersteigen.**

Für **Vorsorgeaufwendungen** *ist jedoch ein* **Freibetrag ausgeschlossen,** *weil in den Lohnsteuertabellen schon die Vorsorgepauschale berücksichtigt ist.*

Lösungsmuster zur Aufgabe Nr. 27:

Die stark hervorgehobenen Worte sind Schlagworte, auf die Prüfer achten!

Sonderausgaben:

*Im Fall der getrennten Veranlagung werden die als **Sonderausgaben §§ 10 und 10b EStG) abzuziehenden Beträge bei dem Ehegatten berücksichtigt, der sie geleistet hat.***

Außergewöhnliche Belastungen:

*Die **außergewöhnlichen Belastungen** (§§ 33 bis 33c) werden nach dem Grundsatz für die Zusammenveranlagung ermittelt und dann **je zur Hälfte** bei der Veranlagung jedes Ehegatten abgezogen. **Die Ehegatten können jedoch ein anderes Aufteilungsverhältnis beantragen.** Dieser Antrag ist gemeinsam von beiden Ehegatten zu stellen.*

Ist ein Ehegatte aus zwingendem Grund nicht in der Lage den Antrag gemeinsam mit dem anderen Ehegatten zu stellen, so kann das Finanzamt dem Antrag des anderen Ehegatten folgen.

*Wenn von der **Hälftelung abgewichen** wird, so wird der Antrag dadurch gestellt, dass im **Mantelbogen auf der Seite 2** unter sonstige Angaben und Anträge der **abweichende Teil in Prozent (Zeile 45) einzutragen ist.***

*Abzüge nach § 10e stehen den Ehegatten entsprechend ihrer **Eigentumsanteile** zu. Die Steuerermäßigung des § 34f wird im **gleichen Verhältnis** bei den Ehegatten aufgeteilt.*

Zu diesem Thema könnte ich noch folgende Stichworte einbringen:

_____

_____

_____

_____

_____

_____

Lösungsmuster zur Aufgabe Nr. 28:

Die stark hervorgehobenen Worte sind Schlagworte, auf die Prüfer achten!

Die steuerlichen Vorteile, die behinderte Personen erhalten, sind im Wesentlichen folgende:

*1. Die Aufwendungen für **Fahrten mit dem eigenen Pkw zum Arbeitsplatz** können mit den **tatsächlichen Aufwendungen** angesetzt werden (0,52 DM für Hin- und Rückfahrt), wenn der Grad der Behinderung mindestens 70 **Grad** beträgt oder die **Bewegungsfähigkeit** im Straßenverkehr **erheblich eingeschränkt** ist, bei einem Behinderungsgrad von **mindestens 50 Grad** und weniger als 70 Grad. Dies gilt auch für Familienheimfahrten, wenn aus beruflichem Anlass ein doppelter Haushalt geführt werden muss.*

*2. Nach § 33b EStG erhalten behinderte Personen je nach dem Grad der **Behinderung einen Pauschbetrag.** Anstelle des Pauschbetrages können jedoch auch die tatsächlichen Aufwendungen, die mit der Behinderung im Zusammenhang stehen, bei den allgemeinen agB angesetzt werden. Dort ist jedoch die zumutbare Belastung abzuziehen.*

*3. Ein **Behinderten-Pauschbetrag** für ein behindertes **Kind** kann auf die Stpfl. **übertragen werden**, wenn das Kind den PB nicht in Anspruch nimmt, § 33b (5) EStG.*

*4. Es können die Aufwendungen für eine **Haushaltshilfe** abgesetzt werden, § 33a (3) Nr. 1 EStG.*

*5. **Aufwendungen für die Pflege** von hilflosen oder schwer behinderten Personen können angesetzt werden § 33 (3) Nr. 2 EStG.*

*6. Es können **Kinderbetreuungskosten** geltend gemacht werden, wenn ein Ehegatte behindert ist. Es wird kein bestimmter Grad der Behinderung vorausgesetzt (EStR 195 (2) S. 3). Die Aufwendungen müssen jedoch glaubhaft gemacht werden.*

*7. Ist der Besuch einer **Privatschule** erforderlich, so können die Aufwendungen u.U. als agB angesetzt werden (EStR 189 (2)).*

*8. Ein Gehbehinderter kann **Aufwendungen** für Verkehrsmittel **für Privatfahrten** für **3.000 km (* 0,52 DM)** geltend machen bei einem Grad der Behinderung von mindestens **80 oder Grad** der Behinderung von mindestens **70** und dem Merkzeichen "G". Aufwendungen für Privatfahrten für **15.000 km** sind bei dem Merkzeichen "aG", "Bl" oder "H" möglich (EStR 189 (4)).*

Lösungsmuster zur Aufgabe Nr. 29:

Die stark hervorgehobenen Worte sind Schlagworte, auf die Prüfer achten!

Zeile 30 = ***Altersrente*** *aus der Arbeiter- oder Angestellten-Versicherung. Die Versteuerung erfolgt über den Ertragsanteil der **Tabelle § 22 EStG.***

Zeile 31 = ***Berufs- und Erwerbsunfähigkeitsrente.*** *Die Versteuerung erfolgt über den Ertragsanteil der **Tabelle § 55 EStDV.***

Zeile 32 = ***Witwenrente.*** *Die Versteuerung erfolgt über den Ertragsanteil der Tabellen § 22 EStG oder § 55 EStDV. Eine ausführliche Darstellung finden Sie im Lösungsmuster der Aufgaben Nr. 7 und 8.*

Zeile 33 = ***Sonstige Renten.*** *Das sind Renten aus **Zusatzversorgungskassen** oder anderen Kassen. Wenn diese Renten lebenslänglich gezahlt werden, so erfolgt die Versteuerung nach dem Ertragsanteil der Tabelle aus § 22 EStG. Es kann sich auch um private Renten handeln.*

Zeile 34 = *Renten aus **Grundstücksveräußerungen** : Es kommt darauf an, ob es sich um eine "ewige" Rente handelt, d.h. ob die Rente lebenslänglich gezahlt wird oder ob sie in der Laufzeit begrenzt ist. Die ersteren werden mit dem Ertragsanteil aus der Tabelle § 22 EStG und die zweiten mit dem Ertragsanteil der Tabelle § 55 EStDV angesetzt.*

Zeile 35 = *Renten aus Versicherungsverträgen. **Private Verträge**, Lebensversicherungen können auch in Renten umgewandelt werden. Je nachdem, ob die Laufzeit begrenzt ist oder nicht, werden die Ertragsanteile nach den Tabellen des § 22 EStG oder § 55 EStDV ermittelt. Meistens sind diese Renten jedoch in der Laufzeit begrenzt.*

*BG-Renten: Das Formular sieht keine Zeile für **BG-Renten** vor, weil BG-Renten nach **§ 3 Nr. 1 steuerfrei** sind. BG-Renten gleichen einen eingetretenen Schaden aus und gelten als Schadenersatz.*

Zu diesem Thema könnte ich noch folgende Stichworte einbringen:

_____

_____

_____

_____

Lösungsmuster zur Aufgabe Nr. 30:

Die stark hervorgehobenen Worte sind Schlagworte, auf die Prüfer achten!

Zeile 5:

Zinsen aus **Bausparguthaben** *sind Einkünfte aus Kapitalvermögen, § 20 (1) Nr. 7 EStG. Auch wenn vertraglich vereinbart ist, dass die Zinsen nicht ausgezahlt werden, sondern gleich wieder als Einzahlung verwendet werden, so gelten sie doch als zugeflossen im Zeitpunkt der Gutschrift. Im Schreiben des BMF vom 26.10.92 heißt es:* **"Zinsen fließen als regelmäßig wiederkehrende Einnahmen dem Stpfl. nach § 11 (1) S. 2 EStG in dem Jahr zu, zu dem sie wirtschaftlich gehören.** *Die wirtschaftliche Zugehörigkeit bestimmt sich nach dem Jahr, in dem sie zahlbar, d.h. fällig sind, unabhängig davon, für welchen Zeitraum die Zinsen gezahlt werden oder wann die Gutschrift tatsächlich vorgenommen wird."*

Zeile 6:

Festverzinsliche Wertpapiere *sind Effekten, die mit einem festen gleichbleibenden Zinssatz ausgestattet sind, z.B.* **Obligationen, Pfandbriefe** *usw. Es handelt sich stets um Gläubigerpapiere.*

Zeile 7:

Unter **Tafelgeschäft** *versteht man den* **direkten Verkauf bzw Ankauf von Wertpapieren** *an den Anleger gegen sofortige* **Barzahlung***. Der Stpfl. nimmt am Schalter der Bank (daher der Name "Schaltergeschäft") die effektiven Wertpapiere entgegen samt den* **Zinsscheinen** *und zahlt den Kaufpreis. Die Einnahmen aus diesen Wertpapieren sind Einkünfte aus Kapitalvermögen.*

Zeile 8:

Erträge aus sonstigen Kapitalforderungen können z.B. Zinsen sein, die aus einer geleisteten **Mietkaution** *oder* **Instandhaltungsrücklage** *entstehen. Bei Wohnungseigentümergesellschaften sind diese Beträge aus der Abrechnung des Verwalters zu ersehen.*

Zeile 9:

Bei **Aktien** *ist die* **Bruttodividende** *als Einkunft aus Kapitalvermögen anzusetzen, d.h. der Auszahlungsbetrag einschließlich der einbehaltenen Körperschaftsteuer, Kapitalertragsteuer und den Solidaritätszuschlag. Wie eine Doppelbesteuerung vermieden wird, ist im Lösungsmuster zur Aufgabe Nr. 65 beschrieben.*

Zeile 10, 11, 12, 15 und 16 siehe Seite 119

Lösungsmuster zur Aufgabe Nr: 31

Die stark hervorgehobenen Worte sind Schlagworte, auf die Prüfer achten!

Die Aufwendungen für die **Geschäftsfahrten** *stellen eine* **Betriebsausgabe nach § 4 (4) EStG** *dar, weil sie betrieblich veranlasst sind.*

Wird ein Pkw auch für **private Zwecke** *genutzt, so schreibt der § 6 (1) Nr. 4 EStG vor, dass der Nutzungswert in Form der sogenannten* **1 %-Regel** *ermittelt werden muss und eine Entnahme darstellt.*

Anstelle der 1 %-Methode können die verursachten Kosten durch ein ordnungsgemäß geführtes **Fahrtenbuch** *nachgewiesen werden. Ein Fahrtenbuch wird ordnungsgemäß geführt, wenn die* **geschäftlichen und privaten Fahrtstrecken gesondert** *und laufend im Fahrtenbuch aufgeführt werden. Dazu gehört, dass zu einer jeden Fahrt das* **Datum** *und der* **Kilometerstand** *zu Beginn und am Ende der Fahrt verzeichnet wird. Ferner ist das* **Reiseziel** *und die* **Reiseroute**, *der* **Reisezweck** *und der aufgesuchte* **Geschäftspartner** *anzugeben.*

Bei den Privatfahrten genügt die Angabe der gefahrenen Kilometer.

Der **private Nutzungswert** *ist dann der* **Anteil an den Gesamtkosten** *des Kraftwagens, der dem* **Verhältnis der Privatfahrten zur Gesamtstrecke entspricht.**

Aus den Gesamtaufwendungen sind für umsatzsteuerliche Zwecke die **nicht mit Vorsteuern belasteten Kosten** *in der belegmäßig nachgewiesenen Höhe* **auszuscheiden.**

Zu diesem Thema könnte ich noch folgende Stichworte einbringen:

_____

_____

_____

_____

_____

_____

_____

_____

_____

Lösungsmuster zur Aufgabe Nr: 32

Die stark hervorgehobenen Worte sind Schlagworte, auf die Prüfer achten!

Die private Nutzung eines betrieblichen Kraftfahrzeuges kann mit der sogenannten 1 %-Regel angesetzt werden.

Nach § 6 (1) Nr. 4 S. 2 ist für jeden Kalendermonat 1 % vom inländischen Listenpreis im Zeitpunkt der Erstzulassung zuzüglich der Kosten für Sonderausstattung einschließlich der Umsatzsteuer anzusetzen für die private Nutzung eines betrieblichen Fahrzeugs.

Der so ermittelte Brutto-Listenpreis ist auf volle 100 DM abzurunden (Abschnitt 31 (7) Nr. 1 S. 6 LStR).

Für Herrn Gewerbemann ist folgende Rechnung aufzumachen:

Brutto-Listenpreis im Zeitpunkt der Erstzulassung	*74.675 DM*
abgerundet auf volle 100 DM =	*74.600 DM*
davon 1 % für den Privatanteil pro Monat	*746 DM*
für ein Jahr * 12 =	*8.952 DM*

*Diese Rechnung ist auch bei **gebrauchten Fahrzeugen** oder **geleasten Fahrzeugen** vorzunehmen.*

*Nach dem BMF-Schreiben vom 11.3.97 kann für die Berechnung der USt ein **Abschlag** von **20 %** auf die Bemessungsgrundlage vorgenommen werden. Dieser Abschlag kann vorgenommen werden, weil der Eigenverbrauch nur mit USt belastet werden darf für Kosten, die mit Vorsteuer belastet waren.*

Die USt berechnet sich für die Eigennutzung des betrieblichen Fahrzeugs wie folgt:

BMG wie zuvor ermittelt	*8.952 DM*
- Abschlag 20 % für nicht mit Vorsteuer belastete Kosten	*- 1.790 DM*
BMG für ein Jahr	*7.162 DM*
mal 16 % Umsatzsteuer = 1.145,92 DM	

Lösungsmuster zur Aufgabe Nr. 33:

Die stark hervorgehobenen Worte sind Schlagworte, auf die Prüfer achten!

Im Punkt 6 ist die Aufzeichnungs- bzw. Buchführungspflicht für Gewerbetreibende kurz erläutert.

*Ob Herr Gewerbemann zur Buchführung nach anderen Gesetzen verpflichtet ist, hängt davon ab, ob er in das **Handelsregister als Kaufmann eingetragen** wurde. Wenn das der Fall ist, dann gelten für ihn die **Buchführungspflichten nach dem HGB**.*

*Er ist dann nach **§ 238 HGB** verpflichtet, **Bücher zu führen** und in diesen seine Handelsgeschäfte und die Lage seines Vermögens nach den Grundsätzen ordnungsmäßiger Buchführung ersichtlich zu machen. **Die Buchführung muss dann so beschaffen sein, dass sie einem sachverständigen Dritten innerhalb angemessener Zeit einen Überblick über die Geschäftsvorfälle und über die Lage des Unternehmens vermitteln kann.** Die Verpflichtung zu einer doppelten Buchführung ergibt sich für den Kaufmann aus der Vorschrift des § 242 HGB. Der **Abschluss** eines Geschäftsjahres muss das **Verhältnis des Vermögens zu den Schulden darstellen**. Aus diesem Grund wird die **Bilanz in Kontenform** dargestellt. Auf der linken, der Aktiv-Seite, wird das Vermögen verzeichnet und auf der rechten Seite, der Passiv-Seite, die Schulden und das Eigenkapital.*

*Aus der Verpflichtung zur Bilanzierung ergibt sich auch die Verpflichtung zur **Inventur** bzw. zur Aufstellung eines **Inventars (§ 240 HGB)**, damit die **Buchführung ordnungsgemäß** ist.*

*Für Gewerbetreibende, die keine Kaufleute in Sinne des HGB sind und die auch nicht in das Handelsregister eingetragen sind und die nicht die in **§ 141 AO** aufgeführten Grenzen überschreiten, ist eine sogenannte **Einnahme-Überschussrechnung (§ 4 (3) EStG)** möglich. Bei dieser Methode müsste Herr Gewerbemann seine Einnahmen verzeichnen und die Betriebsausgaben davon abziehen. Es ergäbe sich dann der Überschuss bzw. der Gewinn oder der Verlust.*

*Bei der **Überschussrechnung entfällt die Verpflichtung zur Inventur**. Die Einnahmen und die Ausgaben sind entsprechend ihrer **Vereinnahmung** bzw. **Verausgabung** anzusetzen. Es gilt das **Zu- bzw. Abflussprinzip des § 11 EStG**. Die Vorschrift über den Ansatz der **Absetzung für Abnutzung (§ 7 EStG)** bei langlebigen WG sind zu beachten. Ein Überschussrechner muss daher für die WG eine **Anlagekartei** führen. Weiterhin muss er Verzeichnisse führen für Ausgaben, die den Gewinn nur unter bestimmten Bedingungen mindern dürfen. Das sind z.B. nach § 4 (5) EStG die **Geschenke** an Personen, die nicht Arbeitnehmer sind bis zur Höhe von 75 DM, **Bewirtungsaufwendungen** von Personen aus geschäftlichem Anlass bis 80 %, **Mehraufwendungen** für Verpflegung anlässlich von **Geschäftsreisen**, Aufwendungen für ein häusliches Arbeitszimmer.*

Lösungsmuster zur Aufgabe Nr. 34:

Die stark hervorgehobenen Worte sind Schlagworte, auf die Prüfer achten!

*Die USt ist eine Verkehrssteuer. Sie besteuert u.a. den Warenverkehr und soll den Endverbraucher treffen. **Der Unternehmer hat jedoch die USt** für seine Kunden an das **Finanzamt abzuführen**. Für alle nach dem UStG getätigten Leistungen ist die USt entweder mit dem vollen Steuersatz von zur Zeit 16 % oder mit dem ermäßigten Steuersatz von 7 % zu berechnen.*

*Die USt, die dem Unternehmer selbst in Rechnung gestellt wird, bei der Inanspruchnahme von Leistungen für seinen Betrieb, die sogenannte **Vorsteuer**, kann von der zu **zahlenden Umsatzsteuer abgezogen** werden. Die **Zahllast** ist also die USt, die sich aus den erbrachten Leistungen ergibt abzüglich der USt, die für betriebliche Leistungen in Anspruch genommen wurde.*

*Wann die Zahllast an das Finanzamt abgeführt wird, hängt von der Umsatzsteuerjahresschuld ab. Der **Regelzeitraum ist das Kalendervierteljahr**. Die meisten Unternehmer werden jedoch **Monatszahler** sein. Für Monatszahler kann ein finanzieller Nachteil entstehen, wenn für Geschäfte, die z.B. am Ende des Monats abgewickelt wurden, schon bis zum 10. des Folgemonats die USt an das Finanzamt abzuführen ist. Dieser Nachteil entsteht besonders dann, wenn den Kunden ein relativ langes Zahlungsziel eingeräumt wird.*

*Durch Antrag kann deshalb auf die sogenannte **Istbesteuerung** umgestellt werden. In diesem Fall werden in den USt-Vorauszahlungen nur alle geleisteten, d.h. bezahlten Umsätze mit einbezogen, nicht jedoch die in Rechnung gestellten und noch nicht bezahlten Umsätze, wie es bei der **Sollversteuerung** der Fall ist.*

*Wenn Herr Gewerbemann beabsichtigt, auch in Gebiete anderer EU-Mitgliedstaaten seine Waren zu liefern bzw. einzukaufen, so benötigt er eine sogenannte **Umsatzsteuer-Identifikationsnummer**. Diese Nummer wird vom **Bundesamt für Finanzen in Saarlouis** vergeben. Durch diese Nummer signalisiert er seinen Geschäftspartnern, dass er Unternehmer ist und dass er zum Vorsteuerabzug berechtigt ist bzw. die USt an das Finanzamt abführt.*

*Das UStG regelt dann bei grenzüberschreitenden Geschäften innerhalb des Gemeinschaftsgebietes, wer die USt zu zahlen hat oder nicht. Dies hängt im Wesentlichen davon ab, wo sich der **Ort der Lieferung bzw. der sonstigen Leistung** befindet.*

Lösungsmuster zur Aufgabe Nr. 35:

Die hervorgehobenen Worte sind Schlagworte, auf die Prüfer achten!

Der *Unternehmer* hat bis zum *10. Tag* nach Ablauf jeden Voranmeldezeitraumes *(Monat, Vierteljahr, Jahr)* eine *Voranmeldung* nach amtlich vorgeschriebenen Vordruck *abzugeben*, in der er die Steuer für den Voranmeldezeitraum *(Vorauszahlung) selbst zu berechnen hat.*

Bei *Monatszahlern* kann auf Antrag der Zeitraum sich *um einen Monat verlängern*, sogenannte *Dauerfristverlängerung.* Der Unternehmer muss jedoch bei dem Antrag einer *Dauerfristverlängerung 1/11 der Umsatzsteuer des Vorjahres als Vorauszahlung an das Finanzamt abführen*, die dann am Ende des Kalenderjahres verrechnet wird.

In der Spalte "Bemessungsgrundlage" wird das Entgelt eingetragen, von dem sich die USt berechnet. Nach § 10 S.2 ist *Entgelt alles, was der Leistungsempfänger aufwendet, um die Leistung zu erhalten, abzüglich der Umsatzsteuer.*

In die Spalte Steuer wird die sich nach dem Steuersatz ergebende *Steuer* eingetragen. Die *Vorsteuerbeträge* werden nicht nach Steuersätzen unterschieden, sondern *insgesamt* angesetzt (Seite 2).

In der Zeile 58 ergibt sich dann durch Saldierung die *Zahllast*, die zu Gunsten des Steuerpflichtigen auf *10 Pfg gerundet* werden darf.

Zu diesem Thema könnte ich noch folgende Stichworte einbringen:

_____

_____

_____

_____

_____

_____

_____

_____

Lösungsmuster zur Aufgabe Nr. 36:

Die stark hervorgehobenen Worte sind Schlagworte, auf die Prüfer achten!

*Wenn der Unternehmer **innergemeinschaftliche Warenlieferungen** ausgeführt hat, so hat er bis zum **10. Tag** nach Ablauf des Meldezeitraums (Kalendervierteljahr) eine "Zusammenfassende Meldung" auf vorgeschriebenen Vordruck dem **Bundesamt für Finanzen in Saarlouis** abzugeben. Diese Verpflichtung besteht auch bei einem innergemeinschaftlichen Dreiecksgeschäft für den mittleren Unternehmer.*

*In der Zusammenfassenden Meldung ist die **USt-Identifikationsnummer des Unternehmers des anderen Mitgliedstaates anzugeben**, der die Waren erworben hat, ebenso die **Summe der Bemessungsgrundlagen in volle DM** und einen Hinweis, wenn es sich um ein Dreiecksgeschäft handelt.*

Auch Fiskalvertreter haben die Verpflichtung, eine Zusammenfassende Meldung abzugeben, § 22b (2) S. 2 UStG.

Beispiel:

Ein deutscher Unternehmer mit deutscher USt-Identifikationsnummer liefert Waren an einen Unternehmer in London mit englischer Identifikationsnummer. Für den deutschen Unternehmer liegt eine steuerfreie innergemeinschaftliche Lieferung vor. Der deutsche Unternehmer hat in seiner USt-Voranmeldung in der Zeile 21 den Wert der Bemessungsgrundlage einzutragen.

Gleichzeitig hat er in der Zusammenfassenden Meldung unter der Angabe der englischen Identifikationsnummer seines englischen Geschäftspartners die Bemessungsgrundlage anzugeben.

Zu diesem Thema könnte ich noch folgende Stichworte einbringen:

_____

_____

_____

_____

_____

_____

Lösungsmuster zur Aufgabe Nr. 37:

Die stark hervorgehobenen Worte sind Schlagworte, auf die Prüfer achten!

Das Wort "Option" kommt aus dem Lateinischen und bedeutet "freie Wahl".

*Auf das **Umsatzsteuerrecht** bezogen, bedeutet eine Option für den Steuerpflichtigen, dass ihm das Steuerrecht eine **Wahlmöglichkeit** lässt, wie die betreffenden Tatbestände besteuert werden sollen. Optionen sind im Steuerrecht oft an Zeiträume gebunden, für die dann nach der Optionswahl zu verfahren ist.*

Für das Umsatzsteuerrecht sind folgende Optionsmöglichkeiten zu nennen:

*1. **Option eines Halbunternehmers für die Erwerbsbesteuerung***

*Für bestimmte Erwerber im Sinne § 1a (3) Nr. 1 (Halbunternehmer, Schwellenerwerber) ist der innergemeinschaftliche Erwerb im Inland gegen Entgelt nicht steuerbar, wenn sie die deutsche **Erwerbsschwelle nicht** überschreiten.*

*Optiert ein Halbunternehmer, so wird er für die an ihn bewirkte Lieferung wie ein Unternehmer behandelt. Die Option **bindet** ihn für mindestens **zwei Jahre** an dieses Besteuerungsverfahren.*

*Eine Option ist für den Halbunternehmer jedoch nur dann **günstig, wenn der Regelsteuersatz für USt in einem Mitgliedstaat höher ist als in Deutschland.***

*2. **Option nach § 3c Abs. 4***

*Nach § 3c liegt der Ort der Lieferung bei Versandumsätzen im Bestimmungsmitgliedstaat, wenn der Abnehmer eine Privatperson oder ein Halbunternehmer ist und die **Lieferschwelle** durch den liefernden Unternehmer überschritten ist.*

*Wird die Lieferschwelle nicht überschritten, kann der Lieferer nach § 3c (4) UStG optieren und damit die Besteuerung der Lieferung in das Bestimmungsland verlegen. Die Option **bindet** den Lieferer an dieses Besteuerungsverfahren für mindestens **zwei Jahre.***

*Diese Option ist für den Lieferer dann **günstig, wenn der USt-Satz im Bestimmungsland niedriger ist als in Deutschland.***

*3. **Optionsmöglichkeit auf steuerfreie Umsätze***

*Auf bestimmte steuerfreie Umsätze hat der Unternehmer die Möglichkeit, auf die Steuerfreiheit zu verzichten. Die wichtigste Vorschrift ist die des **§ 4 Nr. 12 UStG** und betrifft die **Umsätze aus Vermietung und Verpachtung.***

Fortsetzung auf Seite 118.

Lösungsmuster zur Aufgabe Nr. 38:

Die stark hervorgehobenen Worte sind Schlagworte, auf die Prüfer achten!

*Im § 14 (1) UStG werden **sechs Angaben** genannt, die eine ordnungsmäßige Rechnung für umsatzsteuerliche Zwecke enthalten muss.*

Es sind:

1. ***der Name und die Anschrift des leistenden Unternehmers.***
   Auf der vorliegenden Rechnung ist es die Firma Exclusiv Getränke.
2. ***der Name und die Anschrift des Leistungsempfängers.***
   Auf der Rechnung ist es Hanno Hansen.
3. ***die Menge und die handelsübliche Bezeichnung des Gegenstandes der Lieferung oder die Art und der Umfang der sonstigen Leistung.***
   Auf der Rechnung sind die Gegenstände nach Kästen angegeben und auch die handelsübliche Bezeichnung der Getränke.
4. ***den Zeitpunkt der Lieferung oder der sonstigen Leistung.***
   Das Datum der Lieferung ist angegeben mit 17.09.98.
5. ***das Entgelt für die Lieferung oder die sonstige Leistung (§ 10).***
   Das Entgelt ist der Preis ohne USt. In der Rechnung 121,74 DM.
6. ***den auf das Entgelt (Nr. 5) entfallenden Steuerbetrag.***
   In der Rechnung ist die USt mit 19,48 DM ausgewiesen, das entspricht 16 %.

*Bei der vorliegenden Rechnung übersteigt der Gesamtbetrag, d.h. das Entgelt zuzüglich der USt, nicht 200 DM. Es handelt sich um eine sogenannte **Kleinbetragsrechnung**. Die Rechnung wäre **auch ordnungsgemäß**, wenn der **Empfänger fehlen** würde, das **Entgelt und der Steuerbetrag in einer Summe** genannt wäre und **nur der Steuersatz** angegeben wäre, § 33 UStDV.*

Fortsetzung von Seite 117 Aufgabe Nr. 37:

Ein Unternehmer kann durch eine Option beantragen, dass seine Vermietungsumsätze steuerpflichtig sind. Es ergibt sich für ihn der Vorteil, dass er die Vorsteuer der Werbungskosten mit der Umsatzsteuer verrechnen kann. Die Option ist nur möglich bei Vermietungsumsätzen, wenn der Mieter ebenfalls ein Unternehmer ist.

Lösungsmuster zur Aufgabe Nr. 39:

Die stark hervorgehobenen Worte sind Schlagworte, auf die Prüfer achten!

Bei der vorliegenden Rechnung liegt der Fehler nicht in der Berechnung der Umsatzsteuer.

*Die Umsatzsteuer wird berechnet nach dem Entgelt. Das **Entgelt ist nach § 10 (1) S. 2 alles das, was ein Leistungsempfänger aufwendet, um die Leistung zu erhalten, jedoch abzüglich der Umsatzsteuer.** Aus der anliegenden Rechnung geht hervor, dass ein Buch gekauft wurde. Das Buch kostet offensichtlich 6,38 DM. Auf Bücher wird der ermäßigte Steuersatz von 7 % angewendet. Die USt ist richtig mit 45 Pfg. berechnet. Der Fehler liegt in einer Addition des Gesamtbetrages.*

Weil sich durch diesen Fehler nicht die Bemessungsgrundlage und dadurch auch nicht die Umsatzsteuer verändert haben, kann die Buchhalterin Gründlich den Fehler korrigieren, den korrigierten Betrag verbuchen und überweisen.

Fortsetzung von Seite 110 Aufgabe Nr. 30:

Zeile 10:

***Wandelschuldverschreibungen** sind Schuldverschreibungen, die neben der festen Verzinsung dem Anleger das Recht auf Umtausch in Gesellschaftsanteile (Aktien(einräumen. **Gewinnobligationen** sind Schuldverschreibungen, die eine Zusatzverzinsung gewähren, die sich in der Höhe nach der Gewinnausschüttung der Gesellschaft richtet.*

Zeile 11:

*Werden **Lebensversicherungen** vor Ablauf von 12 Jahren aufgekündigt, so sind die Zinsen der angesammelten Sparanteile Einkünfte aus Kapitalvermögen.*

Zeile 12:

*Die Bezüge eines **typischen stillen Gesellschafters** sind Einkünfte aus Kapitalvermögen. Bei einem partiarischen Darlehen erhält der Darlehensgeber anstelle fester Zinsen variable Gewinnanteile.*

Zeile 15:

*Hier werden Zinsen aus **Privatdarlehen** angegeben.*

Zeile 16:

*Auch die vom Finanzamt erhaltenen **Erstattungszinsen** sind Einkünfte aus Kapitalvermögen.*

119

Lösungsmuster zur Aufgabe Nr. 40:

Die stark hervorgehobenen Worte sind Schlagworte, auf die Prüfer achten!

Bei der Rechnungserstellung können folgende Fehler entstehen, die bei der USt von Bedeutung sind:

*1. Die Rechnung wird mit einer **zu hohen Steuer** ausgewiesen.*
*2. Die Rechnung wird mit einer **zu niedrigen Steuer** ausgewiesen.*
*3. Ein **Unberechtigter weist** in einer Rechnung die **USt aus**.*

Zu Fall 1:

*"Hat der Unternehmer in einer Rechnung für eine Lieferung oder sonstigen Leistung einen **höheren Steuerbetrag**, als er nach diesem Gesetz für den Umsatz schuldet, gesondert ausgewiesen, so **schuldet er auch den Mehrbetrag**" (§ 14 (2) UStG).*

Zu Fall 2:

*Die UStR in Abschnitt 189 (7) führen aus: "Bei zu **niedrigem Steuerausweis schuldet** der Unternehmer die **gesetzlich vorgeschriebene Steuer**."*

Zu Fall 3:

*"Wer in einer Rechnung einen Steuerbetrag gesondert ausweist, obwohl er zum gesonderten Ausweis der Steuer nicht berechtigt ist, **schuldet den ausgewiesenen Betrag**" (§ 14 (3) UStG).*

*Ein Prüfer würde in der oben beschriebenen Weise vorgehen und die entsprechenden USt-Beträge nachfordern. Ansonsten wird er darauf achten, ob die Eingangsrechnungen **alle Merkmale** enthalten, die für eine ordnungsmäßige Rechnung vorgeschrieben sind. Diese sind in § 14 (1) UStG aufgeführt und für **Kleinbetragsrechnungen in den UStDV §§ 31 - 34**. Würde er feststellen, dass eine Rechnung nicht diese Erfordernisse aufweist, der Unternehmer aber dennoch die Vorsteuer abgezogen hat, so würde er den **Vorsteuerabzug zum Nachteil des Unternehmers korrigieren**.*

Zu diesem Thema könnte ich noch folgende Stichworte einbringen:

_____

_____

_____

_____

Lösungsmuster zur Aufgabe Nr: 41

Die stark hervorgehobenen Worte sind Schlagworte, auf die Prüfer achten!

*Der **innergemeinschaftliche Erwerb unterliegt der Umsatzsteuer**. Im § 1a UStG werden die Voraussetzungen für einen innergemeinschaftlichen Erwerb angeführt.*

*Es handelt sich 1. um einen **Erwerb gegen Entgelt** (Abs. 1) oder um innergemeinschaftliches Verbringen (Abs. 2).*

*Die umsatzsteuerliche Konsequenz ist, dass der **Erwerber die Umsatzsteuer zu zahlen** hat und nicht der Lieferer.*

*Beim innergemeinschaftlichen Erwerb ist der Lieferer und der **Erwerber ein Unternehmer**. Der Erwerber kauft Waren für sein Unternehmen von einem Unternehmer aus dem **übrigen Gemeinschaftsgebiet**. Der Gegenstand wird in das **Inland eingeführt**. Bei der Bestellung verwendet der Erwerber seine **USt-Identifikationsnummer und signalisiert dem Lieferanten** dadurch, **dass er Unternehmer ist** und dass er die Waren für sein Unternehmen erwerben will.*

*Der **ausländische Unternehmer** verwendet dann in seiner Rechnung seine **USt-Identifikationsnummer und berechnet keine USt**. Durch die Angabe seiner Id-Nr. signalisiert er dem Erwerber, dass er Unternehmer ist und eine **steuerfrei innergemeinschaftliche Lieferung** vornimmt.*

*Der **Erwerber** kann als Unternehmer die gezahlte **Erwerbsteuer als Vorsteuer absetzen**.*

Auch das innergemeinschaftliche Verbringen gilt ebenfalls als innergemeinschaftlicher Erwerb. In Abs. 2 heißt es: "Als innergemeinschaftlicher Erwerb gegen Entgelt gilt das Verbringen eines Gegenstandes des Unternehmens aus dem übrigen Gemeinschaftsgebiet in das Inland durch einen Unternehmer zu seiner Verfügung, ausgenommen zu einer nur vorübergehenden Verwendung, auch wenn der Unternehmer den Gegenstand in das Gemeinschaftsgebiet eingeführt hat.

*Ein **Halbunternehmer**, der die **deutsche Erwerbschwelle nicht überschreitet**, kann **optieren** und wird dann wie ein Unternehmer behandelt. Wird **nicht optiert**, so wird die Ware im **Ursprungsland versteuert**, d.h. in dem EU-Mitgliedstaat, in dem die Ware erworben wird.*

Eine Option empfiehlt sich, wenn die Warenbezüge aus einem Mitgliedstaat dort mit einem höheren USt-Satz belegt sind als in Deutschland.

Lösungsmuster zur Aufgabe Nr: 42

Die stark hervorgehobenen Worte sind Schlagworte, auf die Prüfer achten!

Der Lebensmittelhändler Coto bezieht Waren aus Italien von seinem landwirtschaftlichen Betrieb.

*Es handelt sich um einen **innergemeinschaftlichen Erwerb** und ist **umsatzsteuerpflichtig,** denn nach § 1a (2) UStG ist auch das **Verbringen von Waren** aus dem übrigen Gemeinschaftsgebiet in das Inland ein innergemeinschaftlicher Erwerb.*

*Lieferung und innergemeinschaftlicher Erwerb sind nach dem **Einkaufspreis** zuzüglich der **Nebenkosten** für den Gegenstand oder mangels eines Einkaufspreises nach den **Selbstkosten,** jeweils zum **Zeitpunkt des Umsatzes** und ohne Umsatzsteuer, zu bemessen, UStR 15b (1).*

Zu diesem Thema könnte ich noch folgende Stichworte einbringen:

Lösungsmuster zur Aufgabe Nr. 43:

Die stark hervorgehobenen Worte sind Schlagworte, auf die Prüfer achten!

*Der Arbeitgeber **kann** seinen Arbeitnehmern die **Reisekosten steuerfrei ersetzen**, wenn diese als **Werbungskosten absetzbar** wären. Erhält der Arbeitnehmer **mehr**, so handelt es sich um einen **geldwerten Vorteil**, der lohnsteuerpflichtig ist.*

***Steuern für Umsätze**, die aus Anlass einer **Dienstreise** im Inland für das Unternehmen ausgeführt werden, sind **grundsätzlich nach den allgemeinen Voraussetzungen** des § 1 % UStG als **Vorsteuern** absetzbar. (Abschnitt 196 (1) UStR)*

*Bei **Fahrausweisen**, die keine Angaben über den Steuersatz und die Entfernung enthalten oder bei denen die angegebene **Tarifentfernung 50 km** nicht **übersteigt**, kann der **ermäßigte Steuersatz** herausgerechnet werden. Bei Entfernungen **über 50 km** ist der **volle Steuersatz** anzuwenden.*

*Bei **Einzelnachweis** kann die ausgewiesene **USt als Vorsteuer** angesetzt werden. Aus den Aufwendungen für Mehrverpflegung oder Übernachtungen kann aus den **Pauschbeträgen** die Vorsteuer nach einem **Pauschalsatz (12,3 %)** herausgerechnet werden, § 36 UStDV.*

*Nach § 37 UStDV ist es möglich, dass der Unternehmer anstelle des gesonderten Vorsteuerabzugs bei den einzelnen Reisekosten einen **Pauschbetrag** von den **insgesamt angefallenen Reisekosten** herausrechnet **(9,8 %)**, § 37 UStDV (1). Wird die **Gesamtpauschalierung** angewandt, so sind **alle** in einem **Kalenderjahr** durchgeführten **Geschäfts- oder Dienstreisen** nach diesem Verfahren **zu behandeln**, § 37 UStDV (3).*

Wäre der Unternehmer selbst auf Geschäftsreise gewesen, wäre in der gleichen Art und Weise zu verfahren.

Zu diesem Thema könnte ich noch folgende Stichworte einbringen:

_____

_____

_____

_____

_____

Lösungsmuster zur Aufgabe Nr. 44:

Die stark hervorgehobenen Worte sind Schlagworte, auf die Prüfer achten!

Geschenke an Personen, die *keine Arbeitnehmer* sind, dürfen den *Gewinn nicht mindern*, wenn sie den Wert von *75 DM übersteigen.* Voraussetzung ist jedoch, dass sie *einzeln und getrennt* von den übrigen Betriebsausgaben *verzeichnet* werden unter Angabe der Namen der Geschäftspartner, § 4 (5 u. 7) EStG.

Umsatzsteuerlich sind Geschenke, die die Wertgrenze von 75 DM übersteigen, als *Eigenverbrauch zu erfassen,* § 1 (1) Nr. 2 UStG. Geldgeschenke werden in die Wertgrenze von 75 DM nicht mit einbezogen. Kränze und Blumen für Beerdigungen sind keine Geschenke.

Aufmerksamkeiten bis zu einem *Wert von 60 DM an Arbeitnehmer sind keine Umsätze* im Sinne des UStG, § 1 (1) Nr. 1b S. 2. Sie gehören auch nicht zu dem steuerpflichtigen Lohn, LStR 73. Es handelt sich um Aufmerksamkeiten, wie Blumen, Genussmittel, ein Buch oder ein Tonträger, die dem Arbeitnehmer oder seinen Angehörigen aus *Anlass eines besonderen persönlichen Ereignisses* zugewendet werden.

Zu diesem Thema könnte ich noch folgende Stichworte einbringen:

_____

_____

_____

_____

_____

_____

_____

_____

_____

_____

_____

_____

Lösungsmuster zur Aufgabe Nr. 45:

Die hervorgehobenen Worte sind Schlagworte, auf die Prüfer achten!

*Die **Einnahmen aus Vermietung und Verpachtung** sind nach § 4 Nr. 12 UStG von der **Umsatzsteuer befreit.** Das gilt nicht für die Beherbergung von Fremden gegen Entgelt, Abstellplätze von Fahrzeugen, die kurzfristige Vermietung von Campingplätzen oder Maschinen aller Art.*

*Ein Unternehmer kann jedoch nach § 9 (1) UStG auf die **steuerfreie Behandlung** dieser Umsätze **verzichten** und sie **steuerpflichtig behandeln.** Dies ist jedoch nur bei den Umsätzen möglich, die **anderen Unternehmern in Rechnung gestellt werden.** Durch eine solche **Option,** kann der Unternehmer die ihm mit der Vermietungsleistung **entstandene Vorsteuer geltend machen.***

Beispiel:

Ein Unternehmer vermietet ein Mehrfamilienhaus. Im Erdgeschoss befindet sich ein Lebensmittelgeschäft. Die übrigen Wohnungen sind an Privatpersonen vermietet. Eine Option ist bei der Miete des Ladengeschäfts möglich. Die Werbungskosten, die mit Vorsteuer belastet sind, können anteilmäßig geltend gemacht werden und die Miete muss mit Umsatzsteuer belegt werden.

Zu diesem Thema könnte ich noch folgende Stichworte einbringen:

_____

_____

_____

_____

_____

_____

_____

_____

_____

_____

Lösungsmuster zur Aufgabe Nr. 46:

Die stark hervorgehobenen Worte sind Schlagworte, auf die Prüfer achten!

*Bei dem anliegenden Formular handelt es sich um eine **"Zusammenfassende Meldung"**.*

*Wenn ein **Unternehmer innergemeinschaftliche Warenlieferungen** ausgeführt hat, so muss er **bis zum 10. nach Ablauf eines jeden Kalenderjahres** diese Warenlieferungen an das Bundesamt für Finanzen in Saarlouis melden. Auf dieser Meldung sind die **Umsatzsteuer-Identifikationsnummern** seiner Geschäftspartner anzugeben und die **Bemessungsgrundlage der Umsätze** in vollen DM.*

*Die "Zusammenfassende Meldung" dient den Finanzbehörden als **Kontrollinstrument**, denn für den Unternehmer ist eine innergemeinschaftliche Warenlieferung an einen Unternehmer steuerfrei, doch der Erwerber hat die Erwerbsteuer zu leisten.*

*Auch der **mittlere Unternehmer** in einem **Reihengeschäft** und der **Fiskalvertreter** haben eine solche Meldung abzugeben. Eine **Dauerfristverlängerung gilt** auch für die Abgabe der **"Zusammenfassenden Meldung"**.*

Zu diesem Thema könnte ich noch folgende Stichworte einbringen:

_____

_____

_____

_____

_____

_____

_____

_____

_____

_____

Lösungsmuster zur Aufgabe Nr. 47:

Die stark hervorgehobenen Worte sind Schlagworte, auf die Prüfer achten!

*Wenn eine **Steuervoranmeldung verspätet** abgegeben wird, kann das Finanzamt einen **Verspätungszuschlag** festsetzen.*

*Für einige Unternehmer ist die Zeit zu knapp, um rechtzeitig bis zum 10. Tag nach Ablauf des Voranmeldezeitraumes ihre USt-Voranmeldung abzugeben. Der Unternehmer kann eine **Dauerfristverlängerung beantragen, wenn er Monatszahler ist.***

*Der Antrag wird auf einem amtlich vorgeschriebenen Vordruck gestellt. Der Antrag braucht nicht jährlich wiederholt zu werden, weil die **Dauerfristverlängerung auch für die Folgejahre gilt**. Unternehmer, die eine Dauerfristverlängerung beantragen, müssen jedoch eine **Sondervorauszahlung** in Höhe von **einem Elftel der Summe der Vorauszahlungen des vergangenen Jahres** leisten. Diese Vorauszahlung wird mit der **Dezemberzahlung verrechnet.***

*Durch eine Dauerfristverlängerung können **keine Steuern gespart werden**, weil zum einen die **Sondervorauszahlung** zu leisten ist und zum anderen die Umsatzsteuer für den Unternehmer ein durchlaufender Posten ist. Er vereinnahmt die USt für seine Kunden und führt sie an die Finanzkasse ab. **Der Unternehmer hat keinen Anspruch auf die Umsatzsteuer.***

Zu diesem Thema könnte ich noch folgende Stichworte einbringen:

_____

_____

_____

_____

_____

_____

_____

_____

_____

127

Lösungsmuster zur Aufgabe Nr. 48:

Die stark hervorgehobenen Worte sind Schlagworte, auf die Prüfer achten!

*Die nachträgliche Kürzung einer Rechnung kann verschiedene Ursachen haben. Es kann sein, dass die **Ware beschädigt** ist und der **Lieferant einen Preisnachlass** gewährt oder es kann sich um eine **vertragsmäßige Kürzung** handeln, z.B. um den Skontoabzug für schnelleres Zahlen.*

*Im vorliegenden Fall erfolgte die Kürzung aufgrund des eingeräumten **Skontos**. Der Rechnungsempfänger kürzt die Rechnung im Bruttobetrag. Durch diese **Kürzung ist gleichzeitig der Warenwert und auch anteilmäßig die USt gekürzt** worden. Er verbucht bei sich die gekürzten Beträge und überweist den verminderten Rechnungsbetrag an den Lieferanten.*

*Der Lieferant merkt erst bei Zahlungseingang, dass sein Kunde die Rechnung zulässigerweise gekürzt hat. **Der Lieferant ist nun verpflichtet, seinen Forderungsbetrag zu berichtigen und auch die in Rechnung gestellte Umsatzsteuer.***

Zu diesem Thema könnte ich noch folgende Stichworte einbringen:

_____

_____

_____

_____

_____

_____

_____

_____

_____

_____

_____

_____

_____

Lösungsmuster zur Aufgabe Nr. 49:

Die stark hervorgehobenen Worte sind Schlagworte, auf die Prüfer achten!

Es handelt sich um einen **Feststellungsbescheid.**

Die Besteuerungsgrundlangen können ganz oder teilweise gesondert festgestellt werden, wenn a) die Einkünfte **mehreren Personen zuzurechnen** *sind oder b) bei den Gewinneinkünften das* **zuständige Finanzamt für die Gewinnfeststellung nicht auch zuständig ist für die Steuern vom Einkommen,** *§ 180 AO.*

Zu a)
Einer **Erbengemeinschaft** *stehen die Einkünfte aus einem Mehrfamilienhaus zu. Angenommen, sie bestellen einen Erben als Verwalter, so hat dieser Erbe den Überschuss zu ermitteln und entsprechend den Bruchteilen der Eigentumsverhältnisse aufzuteilen. Diese Aufteilung erfolgt dann auf dem nebenstehenden Formular. Dem Finanzamt sind die Namen der Miterben, ihre Wohnsitze und die jeweiligen zuständigen Finanzämter mit den entsprechenden Steuernummern bekannt zu geben. Das zuständige Finanzamt des Verwalters prüft die geltend gemachten Angaben inhaltlich, erlässt einen Feststellungsbescheid und benachrichtigt die entsprechenden Wohnsitzfinanzämter der Miterben über die Höhe der Einkunftsart.*

Die Erben haben bei ihrer eigenen ESt-Erklärung bei der Einkunftsart aus Vermietung und Verpachtung ihre Einkünfte aus dem Mehrfamilienhaus zu erklären. Das Wohnsitzfinanzamt überprüft dann die in der Steuererklärung gemachten Angaben mit der Mitteilung des Finanzamtes, das den Feststellungsbescheid bearbeitet hat.

zu b)
Angenommen ein **Rechtsanwalt wohnt in Frankfurt** *und unterhält außerhalb in einer* **anderen Wohnsitzgemeinde eine Rechtsanwaltpraxis***, für das ein anderes Finanzamt zuständig wäre. In diesem Fall ist für die Festsetzung seiner Einkünfte aus seiner Rechtsanwaltpraxis das Finanzamt der auswärtigen Wohnsitzgemeinde zuständig. Dorthin hat er seinen Gewinnabschluss zu erklären. Das Finanzamt stellt den Gewinn fest und schickt eine Nachricht an das Wohnsitzfinanzamt des Rechtsanwalts nach Frankfurt. In seiner jährlichen ESt-Erklärung hat dann der Rechtsanwalt unter den Einkünften aus selbst. Tätigkeit lediglich den Gewinn zu deklarieren, den sein zuständiges Wohnsitzfinanzamt mit der Kontrollmitteilung seines für seine Praxis zuständigen Tätigkeitsfinanzamtes zu vergleichen.*

Rechtswirkung:

Festestellungsbescheide sind Grundlagenbescheide *und sie sind, auch wenn sie noch nicht unanfechtbar sind, für andere Feststellungsbescheide, Steuermessbescheide, Steuerbescheide und für Steueranmeldungen (alles sogenannte* **Folgebescheide) bindend,** *soweit die in den Feststellungsbescheiden getroffenen Feststellungen für diese Folgebescheide von Bedeutung sind, § 182 AO.*

Lösungsmuster zur Aufgabe Nr. 50:

Die stark hervorgehobenen Worte sind Schlagworte, auf die Prüfer achten!

*Ob eine **gesonderte Feststellung** der Besteuerungsgrundlage vorgenommen wird, bestimmt sich nach den **einzelnen Gesetzen**, § 179 (1) AO.*

*Gesondert wird festgestellt, wenn dies für **mehrere Steuerarten** von Bedeutung ist oder wenn die Einkünfte **mehreren Steuerpflichtigen** zuzurechnen sind.*

Gesondert festgestellt werden insbesondere:

*1. die **EHW** nach Maßgabe des BewG (z.B. inländische Grundstücke).*

*2. wenn an den **Einkünften mehrere Personen** beteiligt sind und diesen Personen steuerlich zuzurechnen sind, § 180 AO.*

Bei einer gesonderten Feststellung sind örtlich zuständig

*das **Lagefinanzamt** § 18 (1) Nr. 1 AO für EHW der Grundstücke, z.B. für ein Einfamilienhaus.*

*das **Betriebsfinanzamt** § 18 (1) Nr. 2 AO für Gewinn aus Gewerbebetrieb, z.B. für OHG-Gesellschafter.*

*das **Tätigkeitsfinanzamt** § 18 (1) Nr. 3 AO für Einkünfte aus selbständiger Tätigkeit, z.B. zwei Rechtsanwälte führen eine Sozietät.*

*das **Verwaltungsfinanzamt** § 18 (1) Nr. 4 AO für Einkünfte aus Kapitalvermögen und Vermietung und Verpachtung mehrerer Personen z.B. Erbengemeinschaft.*

*Die **Feststellungsbescheide** sind **Grundlagenbescheide**. Sie beinhalten die Besteuerungsgrundlagen, enthalten aber **keine Steuerschuld**.*

Lösungsmuster zur Aufgabe Nr: 51

Die stark hervorgehobenen Worte sind Schlagworte, auf die Prüfer achten!

Soweit die Finanzbehörde die Besteuerungsgrundlagen nicht ermitteln oder berechnen kann, hat sie sie zu schätzen. Dabei **sind alle Umstände zu berücksichtigen,** *die für die* **Schätzung von Bedeutung sind.**

Ein **Schätzungsbescheid** *ergeht grundsätzlich unter dem* **Vorbehalt der Nachprüfung,** *§ 164 (1) AO. Dadurch ist gesichert, dass nachträgliche Änderungen noch berücksichtigt werden können, § 164 (2) S.2.*

Der BFH hat entschieden, dass eine **Schätzung in sich schlüssig sein** *soll; ihre Ergebnisse sollen* **wirtschaftlich vernünftig und möglich sein.** *Sie soll so* **nahe** *wie möglich an das* **wirkliche Ergebnis herankommen.** *Die Unsicherheit, die einer Schätzung anhaftet, braucht jedoch nicht zu Lasten der Finanzverwaltung zu gehen, weil der Steuerpflichtige durch seine Säumigkeit den Anlass für die Schätzung gegeben hat. Es ist daher in der Regel* **ermessensgerecht,** *wenn sich das Finanzamt bei* **steuererhöhenden Bemessungsgrundlagen an der oberen** *und bei* **steuermindernden Besteuerungsgrundlagen an der unteren Grenze** *des in Betracht kommenden Schätzungsrahmens ausrichtet. Der Steuerpflichtige hat es durch die Abgabe der Erklärung in der Hand, durch Nachweis der zutreffenden Besteu-erungsgrundlagen die Schätzung zu beseitigen.*

Selbst bei einer vorgenommenen Schätzung und auch dann, wenn sie exakt die zu erhebende Steuer beinhaltet, **bleibt die Verpflichtung zur Abgabe einer Steuer-erklärung bestehen,** *§ 149 (1) S. 4.*

Zu diesem Thema könnte ich noch folgende Stichworte einbringen:

_____

_____

_____

_____

_____

_____

_____

Lösungsmuster zur Aufgabe Nr: 52

Die stark hervorgehobenen Worte sind Schlagworte, auf die Prüfer achten!

Bei dem betreffenden Bescheid handelt es sich um einen Bescheid über die Lohnsteuer, den Solidaritätszuschlag und die Kirchensteuer. Der Bescheid ist ein **Schätzungsbescheid,** *das heißt die Besteuerungsgrundlagen sind geschätzt worden, weil der Steuerpflichtige trotz Aufforderung keine Steueranmeldung abgegeben hat.*

Zu A.1:

Der **Bescheid** *steht nach § 164 (1) AO unter dem* **Vorbehalt der Nachprüfung.** *Der Vorbehalt der Nachprüfung ist eine* **Nebenbestimmung** *i.S. des § 120 AO, die im Steuerbescheid anzugeben ist.*

Solange ein Steuerfall nicht abschließend geprüft ist, kann die spätere Überprüfung vorbehalten bleiben. Der Vorbehalt der **Nachprüfung erfasst die Festsetzung insgesamt;** *eine Beschränkung auf Einzelpunkte oder Besteuerungsgrundlagen ist nicht zulässig. Eine* **Begründung** *dafür, dass die Festsetzung unter dem Vorbehalt der Nachprüfung steht,* **ist nicht erforderlich.**

Solange der Vorbehalt wirksam ist, bleibt der gesamte **Steuerfall "offen",** *die Steuerfestsetzung* **kann jederzeit** *- also auch nach Eintritt der Unanfechtbarkeit - und dem Umfang nach uneingeschränkt von Amts wegen oder auch auf Antrag des Steuerpflichtigen* **aufgehoben oder geändert werden.**

Wird der Vorbehalt nicht ausdrücklich aufgehoben, **entfällt der Vorbehalt mit Ablauf der allgemeinen Festsetzungsfrist,** *§ 169 (2) S. 1 AO.*

Zu D:

Nach § 149 (1) S. 4 AO bleibt die **Verpflichtung zur Abgabe einer Steuererklärung weiterhin bestehen,** *auch wenn der Schätzungsbescheid die zu erhebende Steuer beinhaltet.*

Eine **Steuerstraftat** *kann vorliegen, wenn der Steuerpflichtige die Finanzbehörden* **pflichtwidrig über steuerlich erhebliche Tatsachen in Unkenntnis lässt,** *§ 370 (1) Nr. 2 AO.* **Steuerstraftaten** *können in besonders schweren Fällen mit* **Freiheitsstrafe** *oder in anderen Fällen mit* **Geldbußen** *belegt werden.*

Lösungsmuster zur Aufgabe Nr. 53:

Die stark hervorgehobenen Worte sind Schlagworte, auf die Prüfer achten!

*Der Einspruchsentscheidung ging ein **Bescheid** voraus. Gegen diesen Bescheid wurde fristgerecht innerhalb der **Rechtsbehelfsfrist** von einem Monat ein **Einspruch** eingelegt. Der Einspruch wurde jedoch **nicht begründet**. Die Begründung wurde trotz Aufforderung nicht nachgeholt.*

*Der Steuerpflichtige hat eine **Mitwirkungspflicht**. So wird in § 90 AO ausgeführt, dass die Beteiligten zur Mitwirkung bei der Ermittlung des Sachverhaltes verpflichtet sind. Sie kommen der Mitwirkungspflicht insbesondere dadurch nach, dass sie die für die Besteuerung **erheblichen Tatsachen vollständig** und **wahrheitsgemäß offenlegen** und die ihnen bekannten **Beweismittel angeben**. Der Umfang dieser Pflichten richtet sich nach den Umständen des Einzelfalles.*

*Der Steuerpflichtige bringt durch einen eingelegten **Einspruch** zum Ausdruck, dass er sich durch die **Beurteilung** des Steuerfalls von der Finanzbehörde **beschwert fühlt** und dass die steuerlichen Vorschriften falsch oder nicht richtig angewandt wurden. Der **Steuerpflichtige** hat jedoch nach § 357 (3) AO die **Gründe zu benennen**, worin er sich beschwert fühlt. So heißt es dort: "Bei der Einlegung soll der Verwaltungsakt bezeichnet werden, gegen den der Rechtsbehelf gerichtet ist. Es soll angegeben werden, inwieweit der **Verwaltungsakt angefochten** und seine **Aufhebung beantragt** wird. Ferner sollen die **Tatsachen**, die zur Begründung dienen, und die **Beweismittel angeführt werden**."*

*Werden **keine Gründe** angegeben, so **überprüft** die Finanzbehörde den Steuerbescheid in **vollem Umfang**. Dazu ist sie nach § 367 (2) S. 1 AO verpflichtet. Im vorliegenden Fall weist das Finanzamt darauf hin, dass diese Prüfung erfolgte. Es wurden keine Fehler in der Sache festgestellt. Der **Bescheid** ist als **unbegründet zurückgewiesen** worden.*

Die Einspruchsentscheidung muss erneut eine Rechtsbehelfsbelehrung beinhalten.

*Der Steuerpflichtige kann nun im **gerichtlichen Klageverfahren** beim **zuständigen Finanzgericht** darlegen, dass er in seinen Rechten verletzt wurde. Die Klage ist innerhalb eines **Monats** einzureichen. Es besteht **kein Anwaltszwang**. Der Steuerpflichtige kann den Prozess selbst führen. Er kann sich auch durch einen Steuerberater oder Rechtsanwalt vertreten lassen.*

Lösungsmuster zur Aufgabe Nr. 54:

Die stark hervorgehobenen Worte sind Schlagworte, auf die Prüfer achten!

Außergerichtliches Rechtsbehelfsverfahren:

*Wenn sich der Steuerpflichtige durch einen erlassenen Bescheid in seinen Rechten verletzt fühlt, dann kann er **bei der Behörde**, die den **Bescheid erlassen hat**, **Einspruch** gegen diesen Bescheid einlegen. Der Einspruch kann **schriftlich** oder **mündlich** erfolgen innerhalb **eines Monats** nach **Bekanntgabe des Bescheides.***

*Der Einspruch soll angeben, inwieweit der Verwaltungsakt angefochten und seine Aufhebung beantragt wird. Ferner sollen die **Tatsachen**, die zur **Begründung** dienen, und die **Beweismittel angeführt werden**, § 357 (3) AO.*

*Durch den Einspruch wird der **Steuerfall in vollem Umfang überprüft**. Das bedeutet, dass er **nicht nur zu Gunsten** des Steuerpflichtigen geändert werden kann, sondern **auch zu seinem Nachteil**. Allerdings muss die Finanzbehörde im Falle einer **Ver-böserung** den Steuerpflichtigen auf die Absicht vorher **aufmerksam machen**. Der Steuerpflichtige hätte dann noch die Möglichkeit den **Einspruch zurückzunehmen** und der Bescheid bliebe dann in seinem Inhalt bestehen.*

*Die **Finanzbehörde** hat bei einem Einspruch in einer Einspruchsentscheidung zu **begründen**, warum sie den **Bescheid ändert, nicht ändert oder nur teilweise ändert**. Diese **Begründung kann entfallen**, wenn die Behörde dem **Einspruch in vollem Umfang entspricht** und den fehlerhaften **Bescheid** durch einen geänderten Bescheid **ersetzt**.*

*Die **Einspruchsentscheidung** hat einen **Rechtsbehelf** zu enthalten, der den Steuerpflichtigen darauf aufmerksam macht, dass er gegen diese Entscheidung beim zuständigen **Finanzgericht eine Klage erheben kann**.*

Das gerichtliche Rechtsbehelfsverfahren:

*Erst nach dem außergerichtlichen Rechtsbehelfsverfahren ist das gerichtliche Rechtsbehelfsverfahren möglich. Es ist die **Klage** oder die **Revision** möglich.*

*Die **Klage** ist innerhalb **eines Monats** beim **zuständigen Finanzgericht** nach Bekanntgabe der Einspruchsentscheidung möglich. Aufgrund der Klage entscheidet das **Gericht** durch **Urteil** und auch darüber, wer die Kosten zu tragen hat.*

***Gegen das Urteil** des Finanzgerichts kann u.U. **Revision** beim **Bundesfinanzhof** eingelegt werden. Die Revision ist innerhalb eines **Monats** nach der Zustellung des Urteils einzulegen. Der Bundesfinanzhof entscheidet dann durch **Urteil**.*

Lösungsmuster zur Aufgabe Nr. 55:

Die hervorgehobenen Worte sind Schlagworte, auf die Prüfer achten!

*Der anliegende Bescheid ist ein **Vorauszahlungsbescheid**, in dem die Vorauszahlungen für die Zahlungstermine 10. Sept., 10. Dez. und 10. März auf **null gesetzt** wurden. Das bedeutet, dass vorher an diesen Zahlungsterminen vom Finanzamt höhere Vorauszahlungen festgesetzt waren.*

*Frau Mustermann konnte bei Erhalt des Vorauszahlungsbescheides innerhalb der **Rechtsbehelfsfrist** **Einspruch** einlegen und die **Änderung** des Vorauszahlungsbescheides **verlangen**. Aber auch **außerhalb** der **Rechtsbehelfsfrist** kann die Vorauszahlung **angepasst** werden. In jedem Fall wird Frau Mustermann glaubhaft machen müssen, dass sich ihre Einkommensverhältnisse geändert haben und dass keine Einkommensteuer mehr anfallen wird.*

*Ein **bestehender** und bekannt gemachter **Bescheid bleibt** in seinem Inhalt so lange **bestehen**, bis er **geändert**, **aufgehoben** und durch den **neuen Bescheid** ersetzt wird, § 124 (2) AO. Der Antrag auf Änderung oder der **Einspruch stoppt nicht** automatisch das **Beitreibungsverfahren** des angefochtenen Bescheides, § 361 (1) AO.*

*Auf Antrag kann die **Finanzbehörde** jedoch die **Vollziehung aussetzen**, wenn ernsthafte Zweifel an der Rechtmäßigkeit des angefochtenen Verwaltungsaktes bestehen oder wenn die Vollziehung für den Betroffenen eine **unbillige Härte** zur Folge hätte.*

*__Ohne den Antrag__ auf Aussetzung der Vollziehung hätte Frau Mustermann die im alten Bescheid festgesetzten **Vorauszahlungen leisten** müssen. Diese würden dann im ESt-Bescheid im darauffolgenden Veranlagungszeitraum mit der festzusetzenden **Einkommensteuer verrechnet**. Frau Mustermann würde dann auf diesem Wege ihre Zahlungen zurückerhalten.*

Zu diesem Thema könnte ich noch folgende Stichworte einbringen:

_____

_____

_____

_____

_____

Lösungsmuster zur Aufgabe Nr. 56:

Die stark hervorgehobenen Worte sind Schlagworte, auf die Prüfer achten!

*Bei dem anliegenden Bescheid handelt es sich um einen **Vorauszahlungsbescheid**. Nach § 37 (3) EStG setzt das Finanzamt die Vorauszahlungen für die ESt durch Vorauszahlungsbescheid fest.*

*Es sind bei diesem Bescheid die **gleichen Anforderungen eines Verwaltungsaktes** zu beachten, wie sie im § 118 AO aufgeführt sind. D.h. der Vorauszahlungsbescheid muss die **Behörde** erkennen lassen, die den Bescheid erlässt, der Bescheid muss einen **Einzelfall** regeln, es muss eine Regelung auf dem Gebiet des **öffentlichen Rechts** betreffen und der Bescheid muss nach **außen** gerichtet sein. Weiterhin muss der Vorauszahlungsbescheid **inhaltlich hinreichend bestimmt sein** (§ 119 (1)).*

*Nach § 157 sind Steuerbescheide **schriftlich** zu erteilen. Sie müssen die festgesetzte **Steuer** nach **Art und Betrag bezeichnen** und angeben, wer die **Steuer schuldet**. Außerdem müssen sie eine **Rechtsbehelfsbelehrung** enthalten und angeben, in welcher Frist und bei welcher Behörde der Rechtsbehelf **einzulegen ist**.*

* * *

*Nach § 37 (3) S. 2 EStG **bemessen** sich die **Vorauszahlungen grundsätzlich nach** der ESt, die sich bei der **letzten Veranlagung** ergeben haben. Wenn sich in der Zwischenzeit die **Besteuerungsgrundlagen geändert** haben, so muss auch die Festsetzung der **Vorauszahlungen fehlerhaft sein**. Aus diesem Grund kann nach § 37 (3) S. 3 EStG die Vorauszahlung entsprechend **angepasst** werden.*

*Vorauszahlungen sind **nur festzusetzen**, wenn sie **mindestens 400 DM** im Kalenderjahr und **mindestens 100 DM** für einen Vorauszahlungszeitpunkt betragen, § 37 (5) EStG.*

Zu diesem Thema könnte ich noch folgende Stichworte einbringen:

_____

_____

_____

_____

_____

Lösungsmuster zur Aufgabe Nr. 57:

Die stark hervorgehobenen Worte sind Schlagworte, auf die Prüfer achten!

Herr und Frau Fröhlich haben gegen ihren ESt-Bescheid offensichtlich Einspruch eingelegt.

*Das Finanzamt weist in dem Schreiben darauf hin, dass der **Einspruch nicht den ESt-Bescheid** selbst, **sondern** einen anderen Bescheid, nämlich den **Feststellungsbescheid** aus einer Grundstücksgemeinschaft **betrifft.***

*Werden Einkünfte aus einer **Einkunftsart mehreren Personen** zugerechnet, so sind sie **gesondert festzustellen,** § 118 (1) AO. Die Feststellung der Besteuerungsgrundlagen erfolgt durch das Finanzamt **durch einen eigenen Bescheid,** dem Feststellungsbescheid. Dieser Bescheid ist dann u.U. die **Grundlage für andere Steuerarten.** Gegen den Feststellungsbescheid kann innerhalb der Rechtsbehelfsfrist Einspruch eingelegt werden. Es ist **nicht möglich, durch Einspruch gegen den Folgebescheid eine Änderung des Grundlagenbescheides zu erwirken.***

*Wird jedoch der **Grundlagenbescheid** durch einen **Einspruch geändert** oder von Amts wegen geändert oder aufgehoben, so wirkt diese **Änderung auch auf den Folgebescheid,** in diesem Fall auf den ESt-Bescheid, **auch außerhalb der Rechtsbehelfsfrist,** § 175 (1) Nr. 1 AO.*

Ein Einspruch gegen den Folgebescheid ist somit nicht nötig. In dem anliegenden Schreiben erwartet die Finanzbehörde eine Stellungnahme von Herrn und Frau Fröhlich.

*Die **Fröhlichs** können den **Einspruch zurücknehmen** oder Gründe geltend machen, die den Inhalt des ESt-Bescheides betreffen.*

*Würden sie **nichts unternehmen,** würde der Bescheid durch eine **Einspruchsentscheidung als unbegründet zurückgewiesen werden.***

Zu diesem Thema könnte ich noch folgende Stichworte einbringen:

_____

_____

_____

_____

Lösungsmuster zur Aufgabe Nr. 58:

Die stark hervorgehobenen Worte sind Schlagworte, auf die Prüfer achten!

Steuerpflichtige, die **Gewinneinkünfte** *erzielen, sind für die Besteuerung verpflichtet,* **Bücher** *oder* **Aufzeichnungen zu führen.**

Die steuerlichen Buchführungs- und Aufzeichnungspflichten ergeben sich aus den §§ 140f der AO und aus den Einzelsteuergesetzen.

Steuerpflichtige, die schon aufgrund anderer als den Steuergesetzen verpflichtet sind, Bücher oder Aufzeichnungen zu führen, haben diese Pflicht auch für steuerliche Zwecke, § 140 AO. Diese Verpflichtung wird als die sogenannte **abgeleitete** *Buchführungspflicht bezeichnet. Die wichtigste Buchführungsvorschrift ergibt sich für die* **Kaufleute** *aus dem* **Handelsgesetzbuch.**

Für Gewerbetreibende, die nicht aufgrund anderer Gesetze verpflichtet sind, Bücher zu führen, schreibt der § 141 AO eine Buchführungspflicht vor, wenn **gewisse Größen der Umsätze,** *des* **Betriebsvermögens** *oder des* **Gewinns** *überschritten werden. Diese Verpflichtung wird als* **originäre** *Buchführungspflicht bezeichnet.*

Ebenso wie bei der Buchführungspflicht kann sich auch in Bezug auf die Aufzeichnungspflichten eine abgeleitete oder originäre Aufzeichnungspflicht ergeben. Für gewisse Branchen schreiben andere Gesetze die Aufzeichnungspflicht vor. So müssen zum Beispiel Apotheker, Fahrschulen, Hotels, Winzer und viele andere Bücher führen.

Die originären Aufzeichnungspflichten ergeben sich aus den Steuergesetzen. So ist zum Beispiel im **UStG** *gefordert, dass über die* **Bemessungsgrundlagen der ustl. Tatbestände** *Aufzeichnungen zu führen sind, § 22 UStG. Die Abgabenordnung schreibt vor, dass die* **Warenein- und ausgänge** *aufgezeichnet werden müssen, §§ 143, 144 AO. Ebenso schreibt das* **EStG** *vor, dass* **bestimmte Betriebsausgaben gesondert aufgezeichnet werden müssen** *(§ 4 (5 u.7) EStG). Auch über die* **geringfügigen Anlagegüter** *sind Aufzeichnungen anzufertigen (§ 6 (2) EStG).*

Zu diesem Thema könnte ich noch folgende Stichworte einbringen:

_____

_____

_____

_____

_____

Lösungsmuster zur Aufgabe Nr. 59:

Die stark hervorgehobenen Worte sind Schlagworte, auf die Prüfer achten!

Nach § 3 (3) AO sind steuerliche Nebenleistungen

> *Verspätungszuschläge (§ 152 AO),*
> *Zinsen (§§ 233 - 237 AO),*
> *Säumniszuschläge (§ 240 AO),*
> *Zwangsgelder (§ 329 AO),*
> *Kosten (178, §§ 337 - 345 AO).*

In dem anliegenden Bescheid wird Frau Schilling zur Abgabe einer LSt-Voranmeldung aufgefordert. Es wird darauf hingewiesen, dass Verspätungszuschläge, Säumniszuschläge oder Zwangsgeld festgesetzt werden können.

Verspätungszuschläge werden gegen denjenigen festgesetzt, der seiner Verpflich-tung zur Abgabe einer Steuererklärung nicht oder nicht fristgerecht nachkommt. Es handelt sich um eine Kann-Vorschrift, d.h. die Festsetzung liegt im Ermessen der Finanzbehörde. Von einer Festsetzung ist abzusehen, wenn das Versäumnis entschuldbar erscheint, § 152 (1) AO.

Säumniszuschläge werden erhoben, wenn eine festgesetzte Steuer nicht pünktlich bezahlt wird. Die Säumniszuschläge sind festzusetzen und betragen für jeden angefangenen Monat 1 % des rückständigen Steuerbetrages, wobei der Steuerbetrag auf volle hundert DM nach unten abgerundet wird.

Zwangsgelder werden festgesetzt, wenn der Steuerpflichtige einer Handlung nicht nachkommt, zu der er verpflichtet ist; so zum Beispiel eine Steuererklärung abzugeben. Das einzelne Zwangsgeld darf dabei nicht 5.000 DM übersteigen, § 329 AO.

Zu Steuerstraftaten und Steuerordnungswidrigkeiten siehe Lösungsmuster Baustein Nr. 421 und 422.

Zu diesem Thema könnte ich noch folgende Stichworte einbringen:

_____

_____

_____

_____

_____

Lösungsmuster zur Aufgabe Nr. 60:

Die stark hervorgehobenen Worte sind Schlagworte, auf die Prüfer achten!

Steuererklärungen sind nach amtlich vorgeschriebenen Vordrucken abzugeben, soweit nicht eine mündliche Steuererklärung zugelassen ist. **Wenn der Steuerpflichtige in der Steuererklärung die Steuer selbst zu berechnen hat, so handelt es sich um eine Steueranmeldung, § 150 AO.**

Bei einer Steueranmeldung **entfällt für die Finanzbehörde die Pflicht, die Steuer durch einen Steuerbescheid festzusetzen.** *Die Steuerfestsetzung durch Bescheid wird nur vorgenommen, wenn die Steueranmeldung durch den Steuerpflichtigen nicht erfolgt, z.B. durch einen Schätzungsbescheid, § 155 (1) AO.* **Mit der Abgabe der Steueranmeldung** *ist dann auch die* **Steuer festgesetzt** *und innerhalb der entsprechenden* **Frist zu begleichen.**

Jede Steueranmeldung steht unter dem **Vorbehalt der Nachprüfung, § 168 AO.** *Das bedeutet, dass solange der Vorbehalt wirksam ist, die* **Steuerfestsetzung aufgehoben** *oder* **geändert werden kann.** *Der Steuerpflichtige kann die Aufhebung oder Änderung der Steuerfestsetzung jederzeit beantragen. Bei einer Lohnsteueranmeldung geschieht das dadurch, dass eine* **berichtigte LSt-Anmeldung abgegeben wird.** *Auf dem Vordruck ist dann zu vermerken (gesondertes Kästchen), dass es sich um eine berichtigte Voranmeldung handelt.*

Zu diesem Thema könnte ich noch folgende Stichworte einbringen:

_____

_____

_____

_____

_____

_____

_____

_____

_____

_____

Lösungsmuster zur Aufgabe Nr: 61

Die stark hervorgehobenen Worte sind Schlagworte, auf die Prüfer achten!

Die *Ausgangsgröße* zur Berechnung des Steuermessbetrages ist der **Gewinn**, wie er sich aus dem *Einkommensteuergesetz* bzw. dem *Körperschaftsteuergesetz* ergibt.

Für die Gewerbesteuer wird dieser Wert korrigiert. Die **Gewerbesteuer** ist eine **Objektsteuer** und will den Gewerbebetrieb in seiner **Ertragskraft besteuern** *unabhängig von persönlichen Präferenzen des Unternehmers.*

Es sind deshalb folgende Korrekturen durchzuführen:

Gewinn aus Gewerbebetrieb

+ *Hinzurechnungen nach § 8*

    1. Die Hälfte der Dauerschuldzinsen
    2. Die Renten und dauernde Lasten
    3. Die Gewinnanteile des stillen Gesellschafters
    4. Die Hälfte von Miet- u. Pachtaufwendungen
    5. Die Anteile am Verlust von Personengesellschaften
    6. Die Spenden bei Körperschaften

- *Kürzungen nach § 9*

    1. 1,2 % der erhöhten EHW (140%) der betriebl. Grundstücke
    2. Die Gewinnanteile an Personengesellschaften
    3. Die Hälfte von Miet- u. Pachterträgen
    4. Die Spenden bei allen Gewerbebetrieben

- **Gewerbeverlust** *nach § 10 a*

= Gewerbeertrag (abzurunden auf volle hundert DM)

- **Freibetrag nach** *§ 11 Abs. 1 (48.000 DM)*
    für Einzelgewerbetreibende und Personengesellschaften

= Zwischensumme * Steuermesszahl nach § 11 Abs. 2

= Steuermessbetrag

Lösungsmuster zur Aufgabe Nr: 62

Die stark hervorgehobenen Worte sind Schlagworte, auf die Prüfer achten!

Der **Steuermessbetrag** stellt die Bemessungsgrundlage für die Berechnung der GewSt dar. Der **Steuermessbetrag** wird in einem **gesonderten Feststellungsbescheid** festgesetzt. Zuständig ist das **Betriebsfinanzamt** des Gewerbebetriebes (§ 22 AO).

Sind im Erhebungszeitraum **Betriebsstätten in mehreren Gemeinden** unterhalten worden, so ist der **Steuermessbetrag** in die auf die **einzelnen Gemeinden** entfallenden **Anteile zu zerlegen**. Das gilt auch, wenn eine **Betriebsstätte** sich über **mehrere Gemeinden erstreckt**, § 28 GewStG.

Diese **Zerlegung** nimmt ebenfalls das **Betriebsfinanzamt** vor, § 22 AO. Der **Zerlegungsmaßstab** ist das Verhältnis, in dem die Summe der **Arbeitslöhne**, die an die bei allen Betriebsstätten beschäftigten Arbeitnehmern gezahlt worden sind, zu den Arbeitslöhnen steht, die an die bei den Betriebsstätten der einzelnen Gemeinden beschäftigten Arbeitnehmern gezahlt worden sind. Dabei sind die **Verhältniszahlen** auf volle **1.000 DM abzurunden**, § 29 GewStG. Zu den **Arbeitslöhnen** werden **nicht die Vergütungen der Auszubildenden** gezählt. Für den bzw. die **Unternehmer** wird ein fiktiver "Lohn" in insgesamt **50.000 DM angesetzt**, der ebenfalls nach dem Arbeitseinsatz der jeweiligen Betriebsstätte aufgeteilt wird.

Die **Feststellungsbescheide** des Steuermessbetrages oder deren zerlegten Teile werden den **Gemeinden zugeleitet**. Die **Gemeinden** erstellen dann die jeweiligen **GewSt-Bescheide**, indem der **Hebesatz** (=Steuersatz) auf den Steuermessbetrag angewandt wird, § 16 GewStG. Die Gewerbesteuerbescheide, die die Steuerschuld enthalten, gehen den Unternehmer als Steuerschuldner (§ 5 GewStG) zu.

Zu diesem Thema könnte ich noch folgende Stichworte einbringen:

_____

_____

_____

_____

_____

Lösungsmuster zur Aufgabe Nr. 63:

Die stark hervorgehobenen Worte sind Schlagworte, auf die Prüfer achten!

*Nach der AO, § 180 (1) Nr. 1, werden **EHW gesondert festgestellt.***

Die Feststellung von inländischen Grundbesitz wird in § 19 BewG gefordert.

Das Bewertungsgesetz unterscheidet unbebaute und bebaute Grundstücke. Bebaute Grundstücke sind Grundstücke, auf denen sich benutzbare Gebäude befinden, § 74 BewG.

*Der anliegende Beleg ist ein **Einheitswertbescheid für ein Einfamilienhaus.** Einfamilienhäuser sind Wohngrundstücke, die nur eine Wohnung enthalten. Ein Grundstück gilt auch dann als Einfamilienhaus, wenn es zu gewerblichen oder öffentlichen Zwecken mitbenutzt wird und dadurch die Eigenart als Einfamilienhaus nicht wesentlich beeinträchtigt wird, § 75 BewG.*

*Im vorliegenden Fall handelt es sich um eine **Wertfortschreibung,** die erforderlich ist, wenn sich der **Wert um mehr als 10 % geändert hat,** § 22 BewG.*

Einheitswerte sind steuerliche Werte, die für die Berechnung anderer Steuerarten von Bedeutung sind.** Bei Grundstücken sind sie von Bedeutung für die **Grundsteuer** und die **Erbschaftsteuer.

Zu diesem Thema könnte ich noch folgende Stichworte einbringen:

_____

_____

_____

_____

_____

_____

_____

_____

_____

Lösungsmuster zur Aufgabe Nr. 64:

Die stark hervorgehobenen Worte sind Schlagworte, auf die Prüfer achten!

Ab dem 1.1.1996 werden bei der Berechnung der Erbschaftsteuer nicht mehr die EHW für Grundstücke einbezogen.

*Der Wert des Grundbesitzes wird gesondert festgestellt in einer sogenannten Bedarfsbewertung, § 138 Abs. 5 BewG. Bei der **Bedarfsbewertung** werden die **tatsächlichen Wertverhältnisse zum Besteuerungszeitpunkt** einbezogen.*

Der Wert des Grundstücks errechnet sich wie folgt:

1. *Die Ausgangsgröße ist die durchschnittliche Kaltmiete der letzten 3 Jahre.*

2. *Dieser Wert wird mit einem Vervielfältiger von 12,5 multipliziert.*

3. *Für die Altersminderung wird ein Abschlag von 0,5 % pro Jahr, höchstens jedoch von 25 % vorgenommen.*

4. *Bei Ein- und Zweifamilienhäusern wird dieser Wert um 20 % erhöht.*

5. *Es ergibt sich der Grundstückswert, der auf volle 1.000 DM abgerundet wird.*

6. *Der abgerundete Wert ist die Bemessungsgrundlage für die Erbschaftsteuer.*

Zu diesem Thema könnte ich noch folgende Stichworte einbringen:

_____

_____

_____

_____

_____

_____

_____

_____

Lösungsmuster zur Aufgabe Nr. 65:

Die hervorgehobenen Worte sind Schlagworte, auf die Prüfer achten!

Es ist richtig, dass mit der Ausschüttung der Dividenden der Aktiengesellschaft nach dem KStG auch die KSt anfällt, von der ausschüttenden Gesellschaft einzubehalten ist und an das Finanzamt abzuführen ist und ebenso auch die darauf entfallende KapitalertragSt und der Solidaritätszuschlag.

*Das **EStG schreibt den Ansatz der Bruttodividende** bei den Einkünften aus Kapitalvermögen **vor, doch gleichzeitig gestattet** es, dass die **entrichtete KSt, KapitalertragSt** und der **SoliZuSchl** auf die **festzusetzende ESt angerechnet**, also verrechnet werden, § 36 EStG.*

*Durch dieses sogenannte **Anrechnungsverfahren der Anteilseigner wird** die zuvor durchgeführte Versteuerung der **Dividende** durch KSt, KapitalertragSt und SoliZuSchl auf null gebracht und die Dividenden werden **letztlich dem individuellen ESt-Satz unterworfen**, der sich auf Grund des **ESt-Tarifes** in Bezug auf das zu versteuernde Einkommen ergibt.*

Herr Kaufmann braucht deshalb eine Doppelbesteuerung seiner Dividendeneinkünfte nicht zu befürchten.

Zu diesem Thema könnte ich noch folgende Stichworte einbringen:

145

Lösungsmuster zur Aufgabe Nr. 66:

Die stark hervorgehobenen Worte sind Schlagworte, auf die Prüfer achten!

*Das **KStG** enthält zwei **Tarifsätze**. Die Steuer beträgt für **einbehaltene**, nicht ausgeschüttete Gewinne zur Zeit 45 % und für **ausgeschüttete Gewinne 30 %**.*

*Die nicht ausgeschütteten Gewinne können u. U. in **späteren** Geschäftsjahren **ausgeschüttet** werden. Wenn dies der Fall ist, so muss für diese Gewinne dann die **Ausschüttungsbelastung von 30 % hergestellt werden**. Das bedeutet, dass die AG eine Steuergutschrift von 15 % (45 % minus 30 %) erhält.*

*Aus diesem Grund muss die AG neben ihrer Bilanz **Aufzeichnungen** führen, aus denen eindeutig hervorgeht, welches **Kapital** mit **wieviel KSt belastet ist**. Bei dieser Aufstellung handelt es sich um die **sogenannte Gliederung des verwendbaren Eigenkapitals**.*

Zu diesem Thema könnte ich noch folgende Stichworte einbringen:

_____

_____

_____

_____

_____

_____

_____

_____

_____

_____

_____

_____

_____

Lösungsmuster zur Aufgabe Nr. 67:

Die stark hervorgehobenen Worte sind Schlagworte, auf die Prüfer achten!

Durch die Forderung des Gesetzgebers, dass Geschäftsvorfälle, die das Vermögen und die Schulden eines Unternehmers verändern, chronologisch, systematisch, lückenlos, sachlich und rechnerisch richtig und geordnet aufgezeichnet werden müssen, um einem sachverständigen Dritten einen Einblick in die Lage des Unternehmens geben zu können, enthält das Rechnungswesen Informationen, die für ganz unterschiedliche Zwecke genutzt werden können.

*Das Rechnungswesen gibt dem **Unternehmer** Aufschluss über die Höhe, die Art und die Zusammensetzung des **Vermögens** und der **Schulden**. Es zeigt ihm, welcher **Erfolg** in einem Wirtschaftsjahr erzielt wurde und welche Aufwendungen und Erträge den Erfolg beeinflusst haben. Auf diese Informationen können nicht nur der Unternehmer, sondern auch die Gesellschafter des Unternehmens zurückgreifen, die sich an dem Unternehmen beteiligt haben.*

*Neben diesen Interessen beanspruchen auch die **Finanzbehörden** diese Auswertungen. Die **Steuern** berechnen sich von dem **erzielten Gewinn**. Der Gewinn kann jedoch leicht beeinflusst werden, durch Wahlrechte in der Bewertung des Vermögens und der Schulden. Der Gesetzgeber hat durch **Einzelgesetze Normen geschaffen**, deren Anwendung durch die Finanzbehörden von Zeit zu Zeit überprüft werden.*

*Weiterhin geben die Zahlen des Rechnungswesens den **Gläubigern** Aufschluss über die **Kreditwürdigkeit** des Unternehmens, über **Sicherheiten**, die zur Absicherung von Verbindlichkeiten geeignet sind.*

*Die Aufzeichnungen des Rechnungswesens dienen auch als **Beweis**, wenn es **gerichtliche Auseinandersetzungen** geben sollte.*

*Für den **Unternehmer** sind die Auswertungen der betrieblichen Zahlen von großer Bedeutung. Er kann wirtschaftlicher handeln und damit seinen Gewinn erhöhen, wenn er die **Kosten minimiert** und die **Erträge steigert**. Eine Aktualisierung der Vergangenheitswerte geben ihm die Grundlage für die künftigen Wirtschaftsperioden und liefern ihm die Entscheidungsgrundlage für **anstehende Investitionen**.*

Zu diesem Thema könnte ich noch folgende Stichworte einbringen:

_____

_____

147

Lösungsmuster zur Aufgabe Nr. 68:

Die stark hervorgehobenen Worte sind Schlagworte, auf die Prüfer achten!

Das **Management** ist das Leitungs- und Führungsorgan des Unternehmens. Ein gutes Management will einerseits den **Erfolg sichern,** die **Substanz** des Unternehmens **erhalten** oder **erweitern** und die **Absatzgebiete ausweiten.**

Diese Ziele wären nicht zu verwirklichen, wenn nicht das Zahlenwerk des Rechnungswesens vorliegen würde, auf das zurückgegriffen werden kann, wenn es um Entscheidungen geht, die die **Finanzierung** oder die **Investitionen** des Unternehmens betreffen.

Eine **Rationalisierung** ohne eine detaillierte **Analyse der Kosten und Leistungen** wäre nicht möglich. Ohne Statistiken über den Absatz, die Fertigung, das Marktverhalten der Kunden, den Personalbestand in seiner Altersstruktur und Qualifikationen, wären keine Entscheidungen zu treffen, die den Fortgang und den Erfolg des Unternehmens sichern.

In größeren Unternehmungen ist deshalb das **Rechnungswesen,** gegliedert in die **Finanzbuchhaltung** und die **Kosten- und Leistungsrechnung,** die **Planungsabteilung, Finanzierungs- und Investitionsabteilung,** eine Stabsabteilung, die der Geschäftsleitung direkt unterstellt ist.

Zu diesem Thema könnte ich noch folgende Stichworte einbringen:

_____

_____

_____

_____

_____

_____

_____

_____

_____

Lösungsmuster zur Aufgabe Nr. 69:

Die stark hervorgehobenen Worte sind Schlagworte, auf die Prüfer achten!

Für Kaufleute, die ihr Gewerbe in das Handelsregister eintragen lassen oder die dazu verpflichtet sind, ergeben sich die Aufzeichnungspflichten aus dem HGB, für alle anderen Gewerbetreibenden aus dem Steuerrecht oder aus anderen Vorschriften. So müssen bestimmte Berufsgruppen bestimmte Aufzeichnungen führen, die sich aus anderen Gesetzen, z.B. Betäubungsmittelgesetz, herleiten.

Im Folgenden werden einige Pflichten aus dem Handelsrecht und dem Steuerrecht aufgelistet:

§ 238 HGB	*Buchführungspflicht*
§ 239 HGB	*Führung der Handelsbücher*
§ 240 HGB	*Inventar*
§ 242 HGB	*Pflicht zur Aufstellung einer Bilanz*
§ 140 AO	*Originäre Buchführungspflicht*
§ 141 AO	*Abgeleitete Buchführungspflicht*
§ 4a EStG	*Vorschriften über das Wirtschaftsjahr*
§§ 143, 144 AO	*Aufzeichnungen des Wareneingangs u. Warenausgangs*
§ 145 AO	*Anforderungen an die Buchführung*
§ 146 AO	*Ordnungsvorschriften für die Bücher und die Aufzeichnungen*
§ 147 AO	*Ordnungsvorschriften für die Aufbewahrung von Unterlagen*
§ 12 UStG	*Feststellung und Berechnung der Steuer (§§ 63f UStDV)*
§ 4 (5/7) EStG	*Berücksichtigung bestimmter Betriebsausgaben*
§ 6 (2) EStG	*Geringwertige Wirtschaftsgüter (Abschn. 40 (4) EStR)*
§ 41 EStG	*Aufzeichnungspflichten beim Lohnsteuerabzug (§ 4 LStDV)*

*Zu Beginn seines Handelsgewerbes hat der Kaufmann seine Vermögensgegenstände und seine Schulden genau zu verzeichnen. Danach hat er alle **12 Monate** ein **Inventar** aufzustellen. Die **körperliche Bestandsaufnahme** ist die **Grundlage für die Finanzbuchhaltung**. Abweichungen müssen spätestens jährlich korrigiert werden. **Ohne Inventur ist die Buchführung nicht ordnungsgemäß.***

Zu diesem Thema könnte ich noch folgende Stichworte einbringen:

_____

_____

_____

_____

Lösungsmuster zur Aufgabe Nr. 70:

Die stark hervorgehobenen Worte sind Schlagworte, auf die Prüfer achten!

*Unter der **Inventur** versteht man die **mengenmäßige** und **wertmäßige** **Bestandsaufnahme des Vermögens** bzw. der **Schulden** zu einem **bestimmten Zeitpunkt.** Die der Aufgabe anliegende Liste ist für die Aufnahme der Vermögensgegenstände bestimmt. In ihr werden die einzelnen Gegenstände verzeichnet nach Menge, Einheit und Wert.*

Im Inventar werden dann die Gegenstände in Gruppen zusammengefasst. Das Inventar gliedert sich in folgende Punkte:

> **A. Vermögen**
> **B. ./. Schulden**
> ———————————————————
> **C. = Reinvermögen (Eigenkapital)**
> ═══════════════════════════

*Bei der Inventur wird unterschieden zwischen der **körperlichen Inventur** und der **Buchinventur.***

*Unter der körperlichen Inventur versteht man die mengen- und wertmäßige Bestandsaufnahme aller Vermögensgegenstände, wie Maschinen, Rohstoffe, Fertigerzeugnisse usw. Beim abnutzbaren Anlagevermögen ist keine Inventur notwendig, wenn eine **Anlagekartei** geführt wird.*

Bei den Forderungen, Verbindlichkeiten, Bankguthaben oder Bankschulden wird eine Buchinventur vorgenommen. Die Aufnahme dieser Werte wird anhand von Eintragungen in den Büchern vorgenommen. Die Grundlage für diese Werte sind Kontoauszüge oder die Salden der Kontokorrentkonten.

Neben den Inventurarten sind noch Inventurerleichterungen zu nennen, wie:

> *Die zeitnahe Inventur*
> *Die verlegte Inventur*
> *Die permanente Inventur*
> *Die Stichprobeninventur*

Lösungsmuster zur Aufgabe Nr: 71

Die stark hervorgehobenen Worte sind Schlagworte, auf die Prüfer achten!

*Die Gliederung des abgebildeten Bilanzschemas erfolgt nach der **Fristigkeit**. Das bedeutet, dass das langfristige Vermögen zuerst aufgeführt ist und das kurzfristige zuletzt. Nach dem gleichen Prinzip ist auch die Passivseite gegliedert. Das **langfristigste Kapital ist das Eigenkapital**, das erst mit der Auflösung des Unternehmens an die Eigentümer zurückgezahlt wird. Es folgen dann die lang-, mittel- und kurzfristigen Verbindlichkeiten. Verbindlichkeiten, die **länger als 4 Jahre** vereinbart sind, gelten als **langfristig**. Verbindlichkeiten **bis 1 Jahr** gelten als **kurzfristig**.*

Position A.I.1:

***Konzessionen sind behördliche Genehmigungen** zur Ausübung eines konzessionspflichtigen Gewerbes oder Handels.*

*Gewerbliche Schutzrechte sind **Patente**, sie schützen den **Erfinder**; **Gebrauchsmuster**, sie schützen eine neue **Gestaltung** oder Anordnung; **Geschmacksmuster**, sie schützen das **Design**; **Warenzeichen**, sie **unterscheiden** die eigenen von fremden Waren; **Gütezeichen**, sie sind ein Garantieausweis für eine bestimmte **Warengüte**. **Lizenz** ist die **Befugnis**, das Recht eines anderen gewerblich zu nutzen.*

Position A.I.2:

***Der Firmen- oder Geschäftswert** ist der Betrag, den ein Unternehmer bezahlt für die Übernahme des ganzen Betriebes und der den Wert der einzelnen Vermögensgegenstände übersteigt. Firmenwert = Kaufpreis für den ganzen Betrieb ./. Summe der Werte aller Vermögensgegenstände.*

Position A.III.5:

***Wertpapiere des Anlagevermögens** werden erworben, um sich an einem anderen Unternehmen zu **beteiligen** oder Einfluss zu nehmen oder es handelt sich um eine **langfristige Anlage**.*

Position B.I.1:

***Rohstoffe** sind Stoffe, die als **Hauptbestandteile** in ein Erzeugnis eingehen, z. B. Holz, Sand, Steine, Eisen. **Hilfsstoffe** gehen als **Nebenprodukte** in das Erzeugnis ein, z. B. Lacke, Farben, Leim. **Betriebsstoffe** werden zur Durchführung des **Produktionsprozesses** benötigt, z. B. Dieselöl, Schmierstoffe, Energie. Unfertige Erzeugnisse sind Erzeugnisse, die zum Verkauf bestimmt sind, aber noch nicht fertiggestellt sind. **Waren** sind **unbearbeitete Erzeugnisse**, die für den Weiterverkauf bestimmt sind. **Fertigerzeugnisse** sind Erzeugnisse, die den Fertigungsprozess durchlaufen haben, zum **Absatz bestimmt sind**, aber noch **gelagert** sind.*

Lösungsmuster zur Aufgabe Nr: 72

Die stark hervorgehobenen Worte sind Schlagworte, auf die Prüfer achten!

1. Immaterielle Vermögensgegenstände:

*Es handelt sich um **Vermögenswerte**, die nicht in Sachen oder Stoffen bestehen. Es sind **Rechte**, für die ein Preis bezahlt wurde oder andere Werte, die entgeltlich erworben wurden.*

*2. Sachanlagen: Das sind **materielle Gegenstände**.*

3. Finanzanlagen:

*Hier werden die Anlagen aufgeführt, die **langfristig** geplant sind oder solche, die dazu dienen ein **Beteiligungsverhältnis** zu erwerben.*

4. Vorräte:

*Es handelt sich um Erzeugnisse, die noch nicht oder teilweise bearbeitet sind, in den **Produktionsprozess** eingehen sollen oder die Produktion sichern sollen.*

*5. Forderungen: Das sind **Ansprüche** auf erbrachte Leistungen.*

*6. Wertpapiere des Umlaufvermögens: Das sind Wertpapiere, die nur der **kurz-fristigen** oder vorübergehenden Anlage dienen.*

7. Zahlungsmittel:

*Das sind die liquiden Mittel, die nötig sind, um die **Zahlungsfähigkeit** des Betriebes zu erhalten.*

8. Gezeichnetes Kapital:

*Es ist das Kapital, das die **Anteilseigner** in die Gesellschaft **eingebracht** haben und das den Gläubigern zur **Haftung** zur Verfügung steht. Für die GmbH ist eine Mindesthöhe von 50.000 DM und für die AG von 100.000 DM vorgeschrieben.*

9. Kapitalrücklagen:

*Hier werden die **Mehreinnahmen** ausgewiesen, die für Einlagen gezahlt werden, die **über den Nennwert des gezeichneten Kapitals** hinausgehen.*

Fortsetzung siehe Seite 153.

Lösungsmuster zur Aufgabe Nr. 73:

Die stark hervorgehobenen Worte sind Schlagworte, auf die Prüfer achten!

Gesamtkostenverfahren:

Wie der Name schon ausdrückt, **stehen den gesamten Erträgen** *die* **gesamten Kosten** *einer Buchungsperiode* **gegenüber.** *Dieses Verfahren bedingt, dass die* **Veränderungen** *auf den Konten "Unfertige Erzeugnisse", "Fertigerzeugnisse" durch* **Bestandsveränderungskonten** *erfasst werden. Im Ergebnis stehen* **unsaldierte Größen** *der Aufwandsseite der Ertragsseite gegenüber. Die Aufwendungen und Erträge sind in sich nach Aufwandsarten bzw. Ertragsarten gegliedert.*

Umsatzkostenverfahren:

Den **Umsatzerlösen** *werden die* **Herstellungskosten,** *die zur Erzielung dieser Umsatzerlöse erbracht wurden, gegenübergestellt, wobei es* **keinen Unterschied** *gibt, ob diese* **Herstellungskosten** *in der* **laufenden** *oder einer* **früheren** *Abrechnungsperiode erbracht wurden. Die Herstellungskosten müssen korrigiert werden und die Bestandsveränderungen der unfertigen und Fertigerzeugnisse und die aktivierten Eigenleistungen, weil diese nicht in die Umsatzerlöse eingegangen sind.*

* * *

Beide **Verfahren** *führen zum* **gleichen Ergebnis.** *Das* **Gesamtkostenverfahren** *ist jedoch das* **meist verwendete Verfahren.**

Fortsetzung von Seite 152 Aufgabe Nr. 72:

10. Gewinnrücklagen:

Versteuerte **Gewinne, die nicht ausgeschüttet wurden,** *werden hier ausgewiesen.*

11. Gewinnvortrag/Verlustvortrag:

Das sind Beträge, die aus **früheren Geschäftsjahren** *vorgetragen werden.*

12. Jahresüberschuss/Jahresfehlbetrag:

Bei juristischen Personen kann der Gewinn nicht mit dem gez. Kapital verrechnet werden. Er steht zur Ausschüttung für die Anteilseigner zur Verfügung oder wird nach Beschlussfassung der Anteilseigner umgebucht auf die Gewinnrücklagen.

153

Lösungsmuster zur Aufgabe 74:

Die stark hervorgehobenen Worte sind Schlagworte, auf die Prüfer achten!

Der SKO3 ist nach dem **Prozessgliederungsprinzip** *aufgebaut und der SK04 nach dem* **Abschlussgliederungsprinzip.**

Die Benutzung der unterschiedlichen Kontenrahmen haben **keinen Einfluss** *auf die* **Höhe des Betriebsergebnis** *und damit auch nicht auf die Besteuerung.*

Die Grundsätze der ordnungsmäßigen **Buchführung** *verlangen, dass die Buchführung in ihrem* **System** *so beschaffen sein muss, dass sie einem* **sachverständigen Dritten** *innerhalb angemessener Zeit einen* **Überblick über die Geschäftsvorfälle** *und über die Lage des Unternehmens vermitteln kann.*

Beide Kontenrahmen entsprechen dieser Forderung. *In ihrem Aufbau des* **Nummernsystems** *gehen sie jedoch* **verschiedene** *Wege. Der SK03 folgt dem sogenannten* **Prozessgliederungsprinzip.** *Das bedeutet, dass die Konten in ihrer Nummerierung dem* **Produktionsprozess** *nachempfunden wurden. So werden in der Kontenklasse 0 die sogenannten ruhenden Konten geführt; das sind die Anlage- und Kapitalkonten. Es folgen dann in der Klasse 1 die Finanz- und Privatkonten, in der Klasse 2 die Abgrenzungskonten, in der Klasse 3 die Wareneingangs- und Bestandskonten, in Klasse 4 die betrieblichen Aufwendungen. Die Klasse 5 u. 6. sind der Kosten- u. Leistungsrechnung vorbehalten. In Klasse 7 folgen die Bestände der Erzeugnisse, in Klasse 8 die Erlöskonten und in Klasse 9 die Abschlusskonten.*

Der SK04 folgt dem **Abschlussgliederungsprinzip.** *Das heißt die Nummerierung der Konten folgen dem* **Aufbau der Bilanz und dem Gewinn- und Verlustkonto.** *Begonnen wird mit der Aktivseite der Bilanz. Es schließt sich die Passivseite, dann die Ertragsseite der G. u. V und schließlich die Aufwandsseite an.*

So finden sich in der Klasse 0 die Anlagevermögenskonten, in Klasse 1 die Umlaufvermögenskonten, in Klasse 2 die Eigenkapitalkonten, in Klasse 3 die Fremdkapitalkonten, in Klasse 4 die betrieblichen Erträge, in Klasse 5 und 6 die betrieblichen Aufwendungen, in Klasse 9 die Vortragskonten und statistischen Konten.

Zu diesem Thema könnte ich noch folgende Stichworte einbringen:

_____

_____

_____

_____

Lösungsmuster zur Aufgabe Nr. 75:

Die hervorgehobenen Worte sind Schlagworte, auf die Prüfer achten!

Die Gewinnermittlungsarten sind:

*1. der **Betriebsvermögensvergleich** nach § 4 (1) EStG.*

*Es werden die **steuerlichen Bewertungsvorschriften** angewandt. Die Buchungen werden nach **wirtschaftlicher** Betrachtungsweise vorgenommen.*

*2. der **Betriebsvermögensvergleich** nach § 5 EStG.*

*Es werden die **handelsrechtlichen Bewertungsvorschriften** angewandt. Die Buchungen erfolgen nach **wirtschaftlicher** Betrachtungsweise.*

*3. die **Überschussrechnung nach** § 4 (3) EStG.*

*Es werden keine Abschlüsse erstellt. Der Gewinn wird ermittelt durch den **Überschuss** der **Betriebseinnahmen über die Betriebsausgaben.** Es ist das **Zufluss-** bzw. **Abflussprinzip** des § 11 EStG zu beachten.*

*4. die Gewinnermittlung nach **Durchschnittssätzen,** § 13a EStG für **Land- und Forstwirte.***

*5. die **Schätzung** durch die Finanzbehörden, § 162 AO.*

Zu diesem Thema könnte ich noch folgende Stichworte einbringen:

_____

_____

_____

_____

_____

_____

_____

_____

Lösungsmuster zur Aufgabe Nr. 76:

Die stark hervorgehobenen Worte sind Schlagworte, auf die Prüfer achten!

Der Gewinnermittlungszeitraum ist in § 4a EStG geregelt. Es gilt:

1. für **Land- und Forstwirte** *ist*

ein Wirtschaftsjahr vom **1. Juli bis 30. Juni** *vorgeschrieben. Für bestimmte Gruppen der Land- und Forstwirte werden andere Zeiträume vorgeschrieben.*

2. für **Kaufleute,**

deren **Firma in das Handelsregister** *eingetragen ist, darf das Wirtschaftsjahr vom Kalenderjahr* **abweichen.** *Dabei ist zu beachten, dass ein Wirtschaftsjahr* **nie länger** *als* **12 Monate** *sein darf. Es kann kürzer sein, wenn der Betrieb eröffnet wird oder stillgelegt wird oder das Wirtschaftsjahr auf das Kalenderjahr umgestellt wird. Eine Umstellung ist jedoch nur mit Zustimmung des Finanzamtes möglich.*

3. für alle **anderen Gewerbetreibenden**

ist das **Wirtschaftsjahr das Kalenderjahr.**

Zu diesem Thema könnte ich noch folgende Stichworte einbringen:

Lösungsmuster zur Aufgabe Nr. 77:

Die stark hervorgehobenen Worte sind Schlagworte, auf die Prüfer achten!

Der Begriff "GWG" bedeutet: **G**eringwertiges **W**irtschafts**g**ut.

Abnutzbare **bewegliche Wirtschaftsgüter des Anlagevermögens,** *die einer selbständigen Nutzung fähig sind, sind auf die Nutzungsdauer abzuschreiben. Es kommt in Betracht die lineare AfA (§ 7 (1)) oder die degressive AfA (§ 7 (2)).*

Abweichend kann jedoch das Wirtschaftsgut **in voller Höhe** *im Jahr der Anschaffung oder Fertigstellung abgeschrieben werden, wenn der* **Wert 800 DM nicht übersteigt.** *Die im Anschaffungswert enthaltene* **Vorsteuer bleibt dabei außer Betracht.**

In der anliegenden Rechnung wurde ein Drucker angeschafft. Wenn es sich um einen Drucker handelt, der ein Ersatzgut für einen schon vorhandenen Drucker darstellt, kann er als GWG abgesetzt werden, weil sein Anschaffungswert unter 800 DM liegt. Der erste Drucker einer Computeranlage ist Bestandteil der Anlage und kann nur als eine Einheit mit der Anlage insgesamt abgeschrieben werden.

Voraussetzung der **GWG-AfA** *ist jedoch, dass ein* **besonderes Verzeichnis** *über die GWG-Güter geführt wird. Wenn in der Buchführung ein* **gesondertes Konto** *geführt wird, braucht das* **Verzeichnis nicht geführt werden,** *§ 6 (2) EStG.*

Unternehmer, die nicht vorsteuerabzugsberechtigt sind und ihren Gewinn nach der **Überschussrechnung des § 4 (3) EStG ermitteln,** **müssen dieses Verzeichnis führen,** *weil sie keine Bücher führen.*

Zu diesem Thema könnte ich noch folgende Stichworte einbringen:

_____

_____

_____

_____

_____

_____

_____

Lösungsmuster zur Aufgabe Nr. 78:

Die stark hervorgehobenen Worte sind Schlagworte, auf die Prüfer achten!

*Von den Aufwendungen für die **Bewirtung** von Personen aus **geschäftlichem Anlass** können **80 %** als **Betriebsausgaben** angesetzt werden, § 4 (4) Nr. 2 EStG. Diese Aufwendungen müssen jedoch **getrennt** von den übrigen Geschäftsvorfällen **aufgezeichnet** werden und es werden bestimmte Anforderungen an diese Aufzeichnungen bzw. die Belege gestellt.*

*Betrieblich veranlasste Aufwendungen für die Bewirtung von Personen können geschäftlich oder nicht geschäftlich bedingt sein. Ein **geschäftlicher Anlass** besteht insbesondere bei der Bewirtung von **Personen,** zu denen schon **Geschäftsbeziehungen bestehen** oder zu denen sie **angebahnt** werden sollen.*

*Der Nachweis der Höhe und der betrieblichen Veranlassung der Aufwendungen durch **schriftliche Angaben** zu **Ort, Tag, Teilnehmer** und **Anlass** der Bewirtung sowie der Höhe der Aufwendungen ist gesetzliches Tatbestandsmerkmal für den Abzug der Bewirtungsaufwendungen als Betriebsausgaben.*

*Bei der Bewirtung in einer **Gaststätte** genügen neben der beizufügenden **Rechnung** Angaben zu dem Anlass und den Teilnehmern der Bewirtung. Aus der Rechnung müssen sich **Name** und **Anschrift der Gaststätte** sowie der **Tag** der Bewirtung ergeben. Die Rechnung muss auch **den Namen** des **bewirtenden Steuerpflichtigen** enthalten; dies gilt nicht, wenn der Gesamtbetrag der Rechnung 200 DM nicht übersteigt. Die **schriftlichen Angaben** können auf der **Rechnung oder getrennt gemacht** werden. Erfolgen die Angaben getrennt von der Rechnung müssen das Schriftstück über die Angaben und die Rechnung grundsätzlich zusammengefügt werden.*

Ausnahmsweise genügt es, den Zusammenhang dadurch darzustellen, dass auf der Rechnung und dem Schriftstück über die Angaben Gegenseitigkeitshinweise angebracht werden, so dass Rechnung und Schriftstück jederzeit zusammengefügt werden können.

*Die **Rechnung** muss den **Anforderungen** des § 14 UStG genügen und **maschinell** erstellt und **registriert** sein. Die in Anspruch genommenen **Leistungen** sind nach Art, Umfang, Entgelt und Tag der Bewirtung in der Rechnung **gesondert zu bezeichnen;** die für den Vorsteuerabzug ausreichende Angabe "Speisen und Getränke" und die Angabe der für die Bewirtung in Rechnung gestellten Gesamtsumme sind für den Betriebsausgabenabzug nicht ausreichend. Zur Bezeichnung der **Teilnehmer** der Bewirtung ist grundsätzlich die Angabe ihres **Namens erforderlich.** Die Angaben über den **Anlass** der Bewirtung müssen den Zusammenhang mit einem **geschäftlichen Vorgang** oder einer Geschäftsbeziehung erkennen lassen. Sind die Angaben lückenhaft, so können die Aufwendungen auch dann nicht abgezogen werden, wenn der Stpfl. ihre Höhe und betriebliche Veranlassung in anderer Weise nachweist oder glaubhaft macht.*

Lösungsmuster zur Aufgabe Nr. 79:

Die stark hervorgehobenen Worte sind Schlagworte, auf die Prüfer achten!

*Der **Arbeitgeber** ist verpflichtet, außer der LSt auch die Kirchensteuer vom Lohn einzubehalten und an das zuständige Finanzamt zu überweisen.*

*Der Abzug von **Kirchensteuer** erfolgt grundsätzlich nur für die **Personen, die einer Religionsgemeinschaft** angehören, **die Kirchensteuer erhebt.** Es ist in den einzelnen Bundesländern unterschiedlich, welche Kirchen Steuern erheben. In Hessen erheben folgende Kirchen Steuern: Die evangelische, römisch-katholische und alt-katholische Kirche, die jüdische Gemeinde und freireligiösen Gemeinden.*

*Für die Mitarbeiter, für die der Arbeitgeber der **pauschalierten Lohnsteuer** keine Kirchensteuer zuschlägt, muss aus den **Personalunterlagen** ersichtlich sein, dass diese **Personen, keiner steuererhebenden Religionsgemeinschaft angehören.** Ist **kein Nachweis** vorhanden, so wird die **KiSt erhoben** und je zur Hälfte der evangelischen und römisch katholischen Kirche zugewiesen, unabhängig davon, ob der Arbeitnehmer einer Kirche angehört oder nicht.*

*Gehören beide **Ehegatten verschiedenen** steuererhebenden **Kirchen** an, so ist in Hessen die **KiSt aufzuteilen** auf beide steuererhebenden Kirchen. Gehört der Arbeitnehmer einer steuererhebenden Kirche an, sein Ehegatte aber nicht, so wird die KiSt nur seiner Kirche zugewiesen.*

*Gehört der **Arbeitnehmer keiner steuererhebenden Kirche an,** so ist auch **keine KiSt** zu berechnen, auch dann **nicht,** wenn der **Ehegatte einer steuererhebenden Kirche angehört.***

Zu diesem Thema könnte ich noch folgende Stichworte einbringen:

_____

_____

_____

_____

_____

_____

_____

_____

Lösungsmuster zur Aufgabe Nr. 80:

Die stark hervorgehobenen Worte sind Schlagworte, auf die Prüfer achten!

Erläuterungen zu einer Steuervoranmeldung und deren Rechtswirkung finden Sie in dem Lösungsmuster zur Aufgabe Nr. 60.

Die Planungsecke:

Folgende Themen will ich mir noch erarbeiten:

_____

_____

_____

_____

_____

_____

_____

_____

_____

_____

_____

_____

_____

_____

_____

_____

_____

Lösungsmuster zur Aufgabe Nr: 81

Die stark hervorgehobenen Worte sind Schlagworte, auf die Prüfer achten!

Kreditsumme oder *Darlehensbetrag* ist der **Wert,** über den der **Kredit** bzw. das *Darlehen abgeschlossen wurde und den der Kreditnehmer dem Kreditgeber oder Darleiher **schuldet.***

*Auszahlungsbetrag: Der Auszahlungsbetrag des Darlehens stimmt nicht unbedingt mit der Kreditsumme, also dem Betrag, der zurückgezahlt werden muss überein, weil u. U. **Gebühren** oder ein **Disagio** abgezogen wird. Im vorliegenden Fall wurde ein Fahrzeug finanziert. Der Fahrzeugpreis vom 9.000 DM vermindert um die Anzahlung in Höhe von 4.000 DM ergibt den Nettokreditbetrag in Höhe von 5.000 DM. Es wurde dieser Betrag jedoch nicht um die Bearbeitungsgebühr von 100 DM und einem **Vorwegzins (Disagio)** in Höhe von 473,92 DM vermindert, weil ja die 5.000 DM für die Restfinanzierung des Fahrzeugs benötigt wurden, sondern diese Beträge wurden dem Nettokreditbetrag zugeschlagen. Das bedeutet, dass die Kreditsumme sich auf 5.573,92 DM erhöhte, sodass die 5.000 DM dem Auszahlungsbetrag entsprechen.*

*Effektivverzinsung ist der **Zins,** der bezogen auf ein Jahr, **wirklich bezahlt werden muss** und in **Prozenten ausgedrückt** wird. Im vorliegenden Vertrag beträgt die Effektivverzinsung 11,3 %. Er liegt damit wesentlich über den genannten Nominalzins von 8,85 %. Der Grund für die Abweichung ist, dass nicht eine jährliche, sondern eine monatliche Tilgung vereinbart wurde. Dadurch ergibt sich ein Zinsvorteil für den Darleiher, der im Effektivzins sichtbar wird.*

Zu diesem Thema könnte ich noch folgende Stichworte einbringen:

_____

_____

_____

_____

_____

_____

_____

_____

161

Lösungsmuster zur Aufgabe Nr: 82

Die stark hervorgehobenen Worte sind Schlagworte, auf die Prüfer achten!

*Sowohl eine **Grundschuld** als auch eine **Hypothek** **sichern** ein **Darlehen** durch ein **Grundstück** ab, dessen Wert bei Zahlungsunfähigkeit des Kreditnehmers dem Kreditgeber gegenüber haftet. Beide **Grundpfandrechte** werden in das **Grundbuch** eingetragen. Der Unterschied besteht darin, dass der Wert einer **Hypothek** an die **Restschuld** des Darlehens **gebunden** ist, was bei einer **Grundschuld nicht** der Fall ist.*

*Wird zum Beispiel ein Hypothekendarlehen zur Hälfte zurückgezahlt und würde der Kreditnehmer zahlungsunfähig werden, könnte der Kreditgeber nur den halben Wert der im Grundbuch eingetragenen Hypothek beanspruchen. Bei einer Grundschuld könnte der Kreditgeber den vollen Betrag der eingetragenen Grundschuld fordern, weil eine Grundschuld nicht an die Restschuld gebunden ist. Für den **Kreditgeber** stellt eine **Grundschuld** somit eine **höhere Sicherheit** dar, weil er alle seine Ansprüche erst mit der Grundschuld verrechnen kann und erst den **Restbetrag** dem Kreditnehmer **herausgeben muss.***

*Für den **Kreditnehmer** ergeben sich jedoch auch **Vorteile** durch eine Grundschuld, weil er den bereits getilgten **Kredit** problemlos, **ohne viel Aufwand** wieder **erhöhen** kann (bis zur Höhe der Grundschuld), ohne dass er bei jeder Krediterhöhung einen Notar bemühen muss. Ihm bleiben dadurch **Kosten erspart** und die erneute Kreditaufnahme kann **schnell abgewickelt** werden.*

Zu diesem Thema könnte ich noch folgende Stichworte einbringen:

Lösungsmuster zur Aufgabe Nr. 83:

Die stark hervorgehobenen Worte sind Schlagworte, auf die Prüfer achten!

1.

Es handelt sich um den Grundsatz der **Bilanzidentität,** *das heißt zwischen dem Wert der* **Schlussbilanz** *des Vorjahres (in der Regel der 31.12.) und der* **Eröffnungsbilanz** *(in der Regel 1.1.) darf* **kein Wertunterschied** *oder Abweichung bestehen. Die Werte müssen gleich sein. Eine Abweichung muss durch ein besonderes Gesetz begründet sein. Solche Abweichungen gab es in der Vergangenheit, z.B. bei der Umstellung von Goldmark auf Reichsmark, von Reichsmark auf Deutsche Mark, von DDR-Mark auf Deutsche Mark und wird es wieder geben bei der Umstellung von DM auf Euro. In diesen Fällen endet das Geschäftsjahr in der alten Maßeinheit und die Eröffnungsbilanz des neuen Jahres enthält die Werte der neuen Maßeinheit.*

2.

Grundsatz der **Unternehmensfortführung:** *Das Gesetz gibt für die Bewertung oft Wahlrechte vor in Bezug auf den Wertansatz eines Vermögensgegenstandes. So ist es zum Beispiel gestattet, einen Vermögensgegenstand des bewegl. Anlagevermögens, der einen Wert von 800 DM nicht überschreitet, als GWG sofort abzuschreiben. Wird dieses Wahlrecht nicht ausgeübt, so kommt eine lineare AfA in Betracht. Es kann linear oder degressiv abgeschrieben werden oder evtl. sind Sonderabschreibungen gestattet. Welchen* **Wertansatz** *der Unternehmer wählt, wird davon* **abhängen,** *ob er sein* **Unternehmen fortführt** *oder* **beenden wird.** *Der Grundsatz der Unternehmensfortführung (oder auch Going-Concern-Prinzip) gibt als Leitlinie die Fortführung des Unternehmens vor. Eine* **Abweichung muss begründet werden.**

3.

Grundsätzlich sind die Vermögensgegenstände **einzeln** *zu bewerten. Von diesem Grundsatz gibt es Ausnahmen, die die* **Inventur erleichtern** *sollen. So ist bei* **Massengütern** *und Gütern von geringem Wert eine* **Gruppenbewertung** *möglich. Es handelt sich in der Fertigung z. B. um Kleinteile, wie Schrauben, Scharniere, Muttern usw. oder bei Warenhäusern z. B. um Strümpfe in verschiedenen Größen usw.*

4.

Grundsatz der **Vorsicht:** *Hinter diesem Grundsatz verbirgt sich der Spruch, dass ein Kaufmann sich in der Bilanz nicht reicher machen darf als er ist, sondern eher ärmer. Das bedeutet, dass im* **Zweifel** *bei den* **Vermögensgegenständen eher der niedrigere** *Wert angesetzt werden muss und bei den* **Schulden der höhere Wert.** *Der Grundsatz der Vorsicht drückt sich aus in dem sogenannten* **Realisationsprinzip,** *das heißt Gewinne dürfen erst ausgewiesen werden, wenn sie verwirklicht sind.*

Fortsetzung auf Seite 165

Lösungsmuster zur Aufgabe Nr. 84:

Die stark hervorgehobenen Worte sind Schlagworte, auf die Prüfer achten!

*Der Bewertungsgrundsatz der **periodengerechten Abgrenzung** bei der Bilanzierung macht erforderlich, dass für Einnahmen, die in der alten Buchungsperiode erfolgten, aber sachlich in eine neue Buchungsperiode gehören, das Hilfskonto passive Rechnungsabgrenzung geführt wird. Für Ausgaben im alten Jahr, die sich auf das neue Geschäftsjahr beziehen, ist das Hilfskonto aktive Rechnungsabgrenzung erforderlich.*

*Diese Hilfskonten ergeben sich durch die Tatsache, dass der Zufluss bzw. Abfluss in dem alten Geschäftsjahr erfolgte und den Kontenstand der Finanzkonten (Kasse, Bank) in seiner Höhe beeinflusste. **Bilanztechnisch muss der Kontostand der Finanzkonten mit dem Bilanzwert übereinstimmen.** Die Erträge und Aufwendungen, die jedoch die neue Buchungsperiode betreffen, dürfen erst im neuen Jahr als Ertrag bzw. Aufwand sein. Eine Korrekturbuchung ist zwar für die Ertrags- bzw. Aufwandskonten möglich, nicht aber für die Finanzkonten als Gegenbuchung. **Die Hilfskonten aktive bzw. passive RAP übernehmen für den Zeitpunkt der Bilanzierung die Korrektur der Finanzkonten.***

Beispiel: Am 1. 10. wird eine Versicherungsleistung (Jahresbetrag) in Höhe von 1.200 DM per Bank überwiesen.

Buchung am 1.10: Betriebl. Versicherungen 1.200 DM an Bank 1.200 DM

Am 31.12. darf von der Versicherung nur der anteilige Aufwand für die Zeit 1.10. bis 31.12. auf dem Konto verbleiben. Der Rest muss korrigiert werden. Es ist zu buchen: Aktive RAP 900 DM an Betriebl. Versicherungen 900 DM.

Das Konto aktive RAP ersetzt die Gegenbuchung für das Bankkonto, weil eine Buchung gegen Bank nicht möglich ist. Am 1.1. erfolgt dann die auflösende Buchung, wodurch nun der Aufwand für das neue Geschäftsjahr erfasst wird.
Es ist zu buchen: Betriebl. Versicherung 900 DM an Aktive RAP 900 DM.

* * *

*Bei **Überschussrechnern wird nicht** auf diese Weise **abgegrenzt**, weil nach dem **Zufluss- bzw. Abflussprinzip** die Einnahmen bzw. Ausgaben erfasst werden, § 11 EStG. Nur bei regelmäßig wiederkehrenden Einnahmen bzw. Ausgaben erfolgt u.U. eine wirtschaftliche Zuordnung.*

*Ein **Überschussrechner** könnte **kurzfristig** einen **steuerlichen Vorteil** erhalten, weil **Zahlungen** im alten Jahr sich **gewinnmindernd** auswirken, auch wenn diese Ausgaben sich auf künftige Wirtschaftsperioden beziehen. **Einnahmen** in "letzter Minute" im alten Jahr kehren sich jedoch für ihn zum steuerlichen Nachteil um, weil sie den **Gewinn erhöhen** und damit auch u.U. die Steuerlast.*

Lösungsmuster zur Aufgabe Nr. 85:

Die hervorgehobenen Worte sind Schlagworte, auf die Prüfer achten!

*Dem vorliegenden Fall liegt ein **Kaufvertrag** zugrunde. Der **Verkäufer** hat neben der Lieferung und der Eigentumsübertragung auch dafür **einzustehen, dass die Sache nicht mit Fehlern behaftet** ist, die den Wert oder die Tauglichkeit zu dem gewöhnlichen oder dem nach dem Vertrag vorausgesetzten Gebrauch aufheben oder mindern, § 459 (1) BGB.*

*Zu einem ordnungsgemäßen CD-Laufwerk gehört es, dass es sich einwandfrei öffnen und schließen lässt und CD's abspielbar sind. **Der PC ist mit einem Fehler behaftet.***

*Der Händler muss über den **Mangel benachrichtigt** werden. Der Verkäufer kann den PC austauschen oder auf seine Kosten reparieren lassen. Der **Käufer hat keinen Anspruch auf die Lieferung eines neuen PC's.** Wird der Fehler nicht von dem Verkäufer behoben, so hat der Käufer das Recht auf **Wandlung** des Vertrages, das heißt, er kann vom Vertrag zurücktreten, oder auf **Minderung,** das heißt, er kann die Herabsetzung des Kaufpreises verlangen, § 462 BGB.*

Fortsetzung von Seite 163 Aufgabe Nr. 83:

5.
*Aufwendungen und Erträge sind den Geschäftjahren zuzuordnen, in denen sie **verursacht** wurden. Es gilt demnach die **wirtschaftliche Betrachtungsweise.***

6.
*Grundsatz der **Stetigkeit.** Die gewählten **Bewertungsmethoden** sind auch in den **Folgejahren** anzuwenden. Eine **Änderung muss wirtschaftlich begründet** werden.*

Lösungsmuster zur Aufgabe Nr. 86:

Die stark hervorgehobenen Worte sind Schlagworte, auf die Prüfer achten!

Aus einem Kaufvertrag ergeben sich vier Pflichten (§ 433 BGB). Davon hat der Verkäufer folgende Pflichten zu erfüllen:

1. Er muss die betreffende Ware liefern.
2. Er hat dem Käufer das Eigentum an der Ware zu verschaffen.

Der Käufer hat folgende Pflichten:

1. Er muss die Ware abnehmen.
2. Er muss den vereinbarten Preis bezahlen.

Jede dieser Pflichten könnte gestört sein. Es handelt sich dann um einen Lieferungsverzug, Annahmeverzug, Zahlungsverzug oder einen Mangel in der Eigentumsübertragung. Der Verkäufer hat weiterhin die Verpflichtung, dass die Ware ohne Fehler, die den ordnungsgemäßen Gebrauch beeinflussen könnten, behaftet ist. Ebenfalls muss er für versteckte Mängel einstehen.

Im vorliegenden Fall hat sich der Verkäufer das Eigentum an der Ware bis zur vollständigen Bezahlung vorbehalten. Es handelt sich um den sogenannten einfachen Eigentumsvorbehalt. Mit Zahlung des Kaufpreises bzw. der letzten Teilrate springt das Eigentum automatisch auf den Käufer über. Ist der Vertrag in einer der genannten Leistungsverpflichtungen gestört, so ist der Vertragspartner darüber zu benachrichtigen und es ist ihm Gelegenheit zu geben, die Störung zu beseitigen, bevor andere rechtliche Schritte unternommen werden.

Zu diesem Thema könnte ich noch folgende Stichworte einbringen:

_____

_____

_____

_____

_____

_____

_____

_____

Lösungsmuster zur Aufgabe Nr. 87:

Die stark hervorgehobenen Worte sind Schlagworte, auf die Prüfer achten!

Der beste Rat, der Herrn Mustermann gegeben werden kann, ist, dass er sich mit seiner Mieterin gütlich einigt.

Rechtlich gesehen stehen sich zwei besondere Rechte gegenüber. Auf der einen Seite ist es das **Eigentumsrecht** *von Herrn Mustermann, das ihm erlaubt, über den* **Gegenstand "frei" zu verfügen** *und auf der anderen Seite ist es das* **Nutzungsrecht an der Wohnung** *von Frau Weber.*

Herr Mustermann hat durch einen Mietvertrag Frau Weber das Recht eingeräumt, seine Wohnung zu benutzen, § 535 BGB. **Dieses Nutzungsrecht schränkt während der Dauer des Mietvertrages sein Eigentumsrecht ein.** *Zwar muss der Mieter Reparaturarbeiten dulden, die notwendig sind, um Schaden abzuwenden, aber der* **Mieter braucht keine "unnötigen" Maßnahmen zu dulden,** *die sein Nutzungsrecht erheblich und über das Übliche hinaus einschränken.*

Die Renovierungspläne von Herrn Mustermann sind so intensiv, dass einem Mieter der Gebrauch der Wohnung während dieser Arbeiten nicht zuzumuten ist. Herr Mustermann **kann** *von Frau Weber* **nicht verlangen,** *dass sie* **die Wohnung räumt.** *Es wird ihm nichts anderes übrig bleiben, einen Teil der Renovierungsarbeiten zu verschieben.*

Zu diesem Thema könnte ich noch folgende Stichworte einbringen:

_____

_____

_____

_____

_____

_____

_____

_____

_____

_____

Lösungsmuster zur Aufgabe Nr. 88:

Die stark hervorgehobenen Worte sind Schlagworte, auf die Prüfer achten!

Dem Mieter dürfen **grundsätzlich** *nur* **die Kosten in den Umlagen** *abverlangt werden, die er durch die* **Nutzung der Wohnung verursacht.** *In der nebenstehenden Hausgeldabrechnung sind das die Positionen, die mit einem "*" in der zweiten Spalte gekennzeichnet sind.*

Die im unteren Teil abgedruckten Kosten sind durch ein Interesse des Vermieters begründet, haben aber keinen ursächlichen Bezug zur Nutzung. So gehen Bankgebühren, sonstige Kosten, Kosten für den Hausverwalter oder die Zuführung für eine Instandhaltungsrücklage zu Lasten des Vermieters.

Zu diesem Thema könnte ich noch folgende Stichworte einbringen:

Lösungsmuster zur Aufgabe Nr. 89:

Die stark hervorgehobenen Worte sind Schlagworte, auf die Prüfer achten!

Herr **Dr. med. Medicus ist nicht verpflichtet eine Bilanz** zu erstellen.

Er kann seinen Gewinn aus seiner selbständigen Tätigkeit in Form einer **Überschussrechnung** der Betriebseinnahmen über die Betriebsausgaben ermitteln. In Satz 5 von § 4 (3) EStG heißt es:

"Die nicht abnutzbaren Wirtschaftsgüter des Anlagevermögens sind unter Angabe des Tages der Anschaffung oder Herstellung und der Anschaffungs- oder Herstellungskosten oder das an deren Stelle getretenen Werts in besondere, **laufend zu führende Verzeichnisse aufzunehmen.**"

§ 7a (8) EStG schreibt ein solches Verzeichnis für **alle Vermögensgegenstände** vor, wenn die **degressive AfA** oder **Sonderabschreibungen** beansprucht werden.

Die abgebildete Anlagekartei enthält die im Gesetz vorgeschriebenen Forderungen und entspricht dem geforderten Verzeichnis. Herr Dr. Medicus **muss jedoch nur die steuerlichen Werte beachten.** Die Eintragungen für kalkulatorische Zwecke bleiben für ihn außer Betracht. Er kann auch ein **vereinfachtes Verzeichnis benutzen.**

Zu diesem Thema könnte ich noch folgende Stichworte einbringen:

_____

_____

_____

_____

_____

_____

_____

_____

_____

_____

169

Lösungsmuster zur Aufgabe Nr. 90:

Die stark hervorgehobenen Worte sind Schlagworte, auf die Prüfer achten!

Kostengünstiger und schneller als eine Klage ist das **gerichtliche Mahnverfahren.** *Um eine Grundlage zu schaffen, für die gerichtliche* **Eintreibung der Forderungen,** *ist es erforderlich, dass zuerst das sogenannte* **kaufmännische Mahnverfahren** *durchgeführt wird, denn es ist erforderlich, dass der Gläubiger seine* **Forderung konkretisiert,** *durch eine Fristsetzung die Herausgabe der Geldforderung verlangt und der Schuldner durch die Verweigerung der Zahlung zeigt, dass er zahlungsunwillig ist.*

In der Regel werden dem Schuldner **drei oder vier Mahnungen** *zugeschickt, wobei die* **letzte Mahnung** *die* **Androhung gerichtlicher Maßnahmen beinhaltet.**

Danach kann der Gläubiger veranlassen, dass dem Schuldner durch das **Gericht** *eine* **Mahnung zugestellt** *wird, den sogenannten* **Mahnbescheid.** *Der Schuldner kann dem Mahnbescheid widersprechen. Nach Widerspruch kommt es dann zu einer mündlichen Verhandlung, in der beide Seiten ihre Forderungen bzw. Ablehnung vortragen können. Das Gericht entscheidet dann durch Urteil.*

Wenn der Schuldner nicht auf den Mahnbescheid reagiert, kann der Gläubiger innerhalb von 6 Monaten nach Ablauf der Widerspruchsfrist den **Antrag** *stellen, dass ein* **Vollstreckungsbescheid** *erlassen werden soll.*

Der Vollstreckungsbescheid ist ein **"vollstreckbarer Titel".** *Der Gläubiger hat die Möglichkeit die* **Zwangsvollstreckung** *gegen den Schuldner zu betreiben. Es werden dann* **Wertgegenstände gepfändet,** *die dann öffentlich versteigert werden. Der* **Erlös** *dient dann zur Begleichung der Schulden.*

Zu diesem Thema könnte ich noch folgende Stichworte einbringen:

Lösungsmuster zur Aufgabe Nr: 91

Die stark hervorgehobenen Worte sind Schlagworte, auf die Prüfer achten!

Auszubildende stehen unter einem **besonderen gesetzlichen Schutz.** *Einzelheiten werden im* **Berufsbildungsgesetz** *geregelt. Während der* **Probezeit** *kann der Arbeitgeber das Ausbildungsverhältnis* **ohne Angabe von Gründen kündigen.**

Nach der Probezeit ist eine **Kündigung** *nur aus* **wichtigem Grund möglich.**

Allgemein ist ein **wichtiger Grund** *dann gegeben, wenn Umstände vorliegen, die für den anderen Vertragspartner die Fortsetzung des* **Vertragsverhältnisses als unzumutbar erscheinen lassen.**

Als wichtige Gründe kommen zum Beispiel **Straftaten, Vertrauensmissbrauch, Tätlichkeiten, Ehrverletzungen** *gegenüber dem Arbeitgeber,* **Verweigerung der Dienstpflicht,** *Verletzung des Wettbewerbverbots in Betracht.*

Der Azubi Windig kommt regelmäßig zu spät und verzögert damit den Arbeitseinsatz. Eines der **Pflichten für den Arbeitgeber** *ist es, die* **Pflichten des Azubis zu überwachen** *und dafür zu sorgen, dass er sie einhält. Der Azubi hat u. a. die Pflicht,* **alle Weisungen zu befolgen** *und die betriebliche Ordnung einzuhalten. Im vorliegenden Fall sind noch nicht alle Möglichkeiten ausgenutzt worden, um dem Azubi seine Pflichten bewusst zu machen. Der* **Arbeitgeber kann** *gewisse* **Regelungen treffen, um den Azubi zur Ordnung anzuhalten.** *Im vorliegenden Fall ist noch kein Grund für eine Kündigung ersichtlich.*

Zu diesem Thema könnte ich noch folgende Stichworte einbringen:

_____

_____

_____

_____

_____

_____

_____

_____

Lösungsmuster zur Aufgabe Nr: 92

Die stark hervorgehobenen Worte sind Schlagworte, auf die Prüfer achten!

Es muss die **ordentliche** *und die* **außerordentliche Kündigung** *unterschieden werden.*

Eine **außerordentliche Kündigung** *ist durch den Arbeitgeber dann möglich, wenn* **wichtige Gründe vorliegen,** *die die sofortige Aufhebung des Arbeitsverhältnisses rechtfertigen. Dies ist zum Beispiel bei Straftaten, Vertrauensmissbrauch oder Verweigerung der Dienstpflichten der Fall.*

Bei einer **ordentlichen Kündigung muss der Betriebsrat informiert werden** *und es sind ihm die Gründe der Kündigung mitzuteilen. Der* **Betriebsrat** *hat ein* **Widerspruchsrecht,** *wenn er der Meinung ist, dass die Kündigung* **sozial ungerechtfertigt ist.** *Das ist der Fall, wenn die Gründe der Kündigung weder in der Person noch dem Verhalten des Arbeitnehmers liegt oder die betrieblichen Möglichkeiten es zulassen, dass der Arbeitnehmer weiterbeschäftigt werden könnte.*

Unter einem **besonderen Kündigungsschutz** *stehen:*

a) **Betriebsratsmitglieder** *während ihrer Amtszeit und bis ein Jahr danach.*

b) **Mütter** *während der* **Schwangerschaft.**

c) **Schwerbehinderte** *(mind. 50 % Erwerbsminderung).*

d) **Auszubildende nach der Probezeit.**

e) **Wehrdienstleistende** *für die Dauer des Grundwehrdienstes.*

Zu diesem Thema könnte ich noch folgende Stichworte einbringen:

_____

_____

_____

_____

_____

_____

Lösungsmuster zur Aufgabe Nr. 93:

Die stark hervorgehobenen Worte sind Schlagworte, auf die Prüfer achten!

*Bestimmten Berufsgruppen ist ein **Auskunftsverweigerungsrecht** eingeräumt im Hinblick auf das besondere **Vertrauensverhältnis zu ihren Kunden.***

*Die AO regelt im § 102 das Auskunftsverweigerungsrecht zum Schutz bestimmter Berufsgeheimnisse. Nach Absatz 1 Nr. 3a steht auch **den Steuerberatern** und deren **Gehilfen** (Abs. 2) dieses Auskunftsverweigerungsrecht zu.*

*Darüber hinaus regelt der § 62 des StBerG die **Verschwiegenheitspflicht** der **Mitarbeiter** eines Steuerberaters **anderen gegenüber.** Die Verschwiegenheitspflicht erstreckt sich auf **alle praxisrelevanten Vorgänge,** auch gegenüber **Angehörigen** und **Kollegen.** Sie bleibt **auch nach Beendigung des Dienstverhältnisses bestehen.***

*Fachangestellte dürfen die Auskunft nicht verweigern, wenn sie von ihrer Verpflichtung zur Verschwiegenheit entbunden sind. Von der Verpflichtung zur Verschwiegenheit können sie **nur befreit werden** durch den **Steuerberater** und durch **Gerichte,** § 102 (2 u. 3) AO. Die **Verletzung** der Verschwiegenheitspflicht ist **mit Strafe** belegt, § 203 StGB.*

*Das **Steuergeheimnis** haben **Amtsträger** zu wahren, § 30 AO. Amtsträger sind Personen, die **Aufgaben der öffentlichen Verwaltung** wahrnehmen. Es gehören dazu besonders Beamte, Richter und Personen, die in einem sonstigen öffentlich-rechtlichen Amtsverhältnis stehen.*

*Amtsträger dürfen **Kenntnisse,** die sie in Ausübung ihres Amtes erfahren, **weder offenbaren noch verwerten.** Eine Ausnahme besteht bei Straftaten und Verbrechen, § 30 AO.*

*Postgeheimnis: Der Schutz der Unverletzlichkeit von Postsendungen ist durch das Grundgesetz Artikel 10 garantiert. Es verpflichtet die **Postbediensteten** zur **Verschwiegenheit** über alle Vorgänge, die ihnen durch ihr Dienstverhältnis bekannt geworden sind, ganz gleich, ob ihnen durch Postsendungen, Telegramme oder Gespräche diese Kenntnisse bekannt wurden. Die Pflicht zur **Verschwiegenheit** gilt **auch nach Beendigung** des Dienstverhältnisses fort. Eine Verletzung wird unter **Strafe** gestellt, § 354 StGB.*

Lösungsmuster zur Aufgabe Nr. 94:

Die stark hervorgehobenen Worte sind Schlagworte, auf die Prüfer achten!

a) Siehe Lösungsvorschlag zur Aufgabe Nr. 93.

b) Bankgeheimnis: **Banken** *haben die Pflicht, über die Vermögensverhältnisse ihrer Kunden, die ihnen aus der* **Geschäftsverbindung** *bekannt werden,* **Dritten** *gegenüber* **Stillschweigen** *zu bewahren.*

Vor der Finanzbehörde haben **Banken** *jedoch* **kein Auskunftsverweigerungsrecht,** *sondern sind zur Auskunft verpflichtet, § 93 AO.*

Um das besondere Vertrauensverhältnis, das zwischen Banken und ihren Kunden besteht, zu schützen, besteht der sogenannte **"Bankenerlass"** *des* **§ 30a AO.** *In dieser Vorschrift* **bindet sich die Finanzverwaltung** *bei der Prüfung der Kreditinstitute,* **keine Aufzeichnungen** *und* **Abschriften von Konto-** *oder* **Depotnummern** *von Bankkonten vorzunehmen oder* **Kontrollmitteilungen** *an die örtlichen Finanzämter der Bankkunden weiterzuleiten.* **Nur in begründeten Verdachtsmomenten** *kann die Finanzbehörde die Offenlegung der Konten verlangen. Beim* **Tod** *eines Kunden haben die* **Banken die Verpflichtung,** *dem* **Finanzamt** *für die Erbschaftsteuer die Guthabenkonten und Wertpapierdepots* **anzuzeigen.**

Zu diesem Thema könnte ich noch folgende Stichworte einbringen:

_____

_____

_____

_____

_____

_____

_____

_____

_____

_____

_____

Lösungsmuster zur Aufgabe Nr. 95:

Die hervorgehobenen Worte sind Schlagworte, auf die Prüfer achten!

G = *Allgemeiner Beitrag* zur Krankenversicherung

Der allgemeine Beitragssatz gilt für Versicherte, die im Krankheitsfall einen Entgeltfortzahlungsanspruch für mindestens sechs Wochen haben.

H = *Erhöhter Beitrag* zur Krankenversicherung

Besteht kein Anspruch auf Fortzahlung des Arbeitsentgelts für mindestens sechs Wochen, ist der erhöhte Beitragssatz anzuwenden. Hierunter fallen insbesondere Arbeiter in bis zu 4 Wochen befristeten Arbeitsverhältnissen (ausgenommen Probearbeitsverhältnisse).

F = *Ermäßigter Beitrag* zur Krankenversicherung

Für Arbeitnehmer, die **keinen Anspruch auf Krankengeld** *haben.*

P = Beiträge zur **Pflegeversicherung**
K = **Rentenversicherung** der Arbeiter
L = **Rentenversicherung** der Angestellten
M = Beiträge zur **Bundesanstalt für Arbeit**
1/2 K = Beiträge zur Rentenversicherung der Arbeiter

Bei der Beschäftigung von **Rentnern** *hat der Arbeitgeber seinen Anteil zu zahlen.*

1/2 K = Beiträge zur Rentenversicherung der Angestellten

Bei der Beschäftigung von **Rentnern** *hat der Arbeitgeber seinen Anteil zu zahlen.*

1/2 M = Beiträge zur Arbeitslosenversicherung

Bei der Beschäftigung von **Rentnern** *hat der Arbeitgeber seinen Anteil zu zahlen.*

U1 = Umlage nach dem Lohnfortzahlungsgesetz für Krankheitsaufwendungen

Arbeitgeber, die regelmäßig nicht mehr als **20 Arbeitnehmer** *beschäftigen, erhalten einen* **Ausgleich der Arbeitgeberaufwendungen** *bei Krankheit. Die Kosten werden über die Umlage U1 finanziert.*

U2 = Umlage nach dem Lohnfortzahlungsgesetz für **Mutterschaftsaufwendungen**

Arbeitgeber, die regelmäßig nicht mehr als **20 Arbeitnehmer** *beschäftigen, erhalten einen Ausgleich der Arbeitgeberaufwendungen für ihre Mitarbeiter für Mutterschaft.*

Lösungsmuster zur Aufgabe Nr. 96:

Die stark hervorgehobenen Worte sind Schlagworte, auf die Prüfer achten!

Beginn der Beschäftigung

*Mit dem **Versicherungsnachweis** ist die Aufnahme einer Beschäftigung, die kranken-, renten- oder arbeitslosenversicherungspflichtig ist oder für die Beitragsanteile zur Rentenversicherung zu entrichten sind, **zu melden**. Meldepflicht besteht auch, wenn eine versicherungsfreie Beschäftigung versicherungspflichtig wird (z.B. weil die Entgeltgrenze für geringfügige Beschäftigungen überschritten wird). Die **Anmeldung** ist innerhalb von zwei **Wochen nach dem Beginn der Beschäftigung** der zuständigen Krankenkasse einzureichen.*

Ende der Beschäftigung

*Ebenfalls mit dem Versicherungsnachweis ist das **Ende einer Beschäftigung zu melden,** die kranken-, renten- oder arbeitslosenversicherungspflichtig war oder für die Beitragsanteile zur Rentenversicherung zu entrichten waren. Die **Abmeldung** ist innerhalb von sechs **Wochen nach dem Ende der Beschäftigung** bzw. nach Beendigung der Mitgliedschaft der zuständigen Krankenkasse einzureichen.*

Jahresmeldungen

*Der Versicherungsnachweis ist außerdem für die Meldung am 31. Dezember des Jahres der Beschäftigung zu verwenden. Eine Jahresmeldung ist nicht zu erstatten, wenn der Beschäftigte wegen Ende der Beschäftigung oder einer Änderung des Beschäftigungs- bzw. Versicherungsverhältnisses zum 31. Dezember abzumelden war. Die **Jahresmeldung** ist spätestens bis zum **31. März des folgenden Jahres** bei der zuständigen Krankenkasse einzureichen.*

Zu diesem Thema könnte ich noch folgende Stichworte einbringen:

_____

_____

_____

_____

_____

_____

Lösungsmuster zur Aufgabe Nr. 97:

Die stark hervorgehobenen Worte sind Schlagworte, auf die Prüfer achten!

Das **Eigentum** an einem **Grundstück** kann nur **rechtswirksam erworben** werden, wenn die Berechtigten in das **Grundbuch** eingetragen werden. Das Grundbuch wird beim zuständigen **Amtsgericht** geführt, in dessen Bezirk das Grundstück liegt und enthält die Eigentumsverhältnisse des Grundstücks, die auf ihm ruhenden Dienstbarkeiten, das heißt Verpflichtungen, und die Lasten, Hypotheken, Grundschulden oder Rentenschulden.

Bevor jedoch eine Eintragung in das Grundbuch erfolgt, wird eine **nortarielle beurkundete Erklärung vorgeschrieben**, § 873 BGB.

Die Rolle des **Notars** ist bei einem Grundstückskauf von großer Bedeutung, weil er durch die Käufer und auch die Verkäuferseite und auch u. U. durch die Banken **verpflichtet wird,** eine **Änderung der Eigentumsverhältnisse** im Grundbuch nur dann zu erwirken, wenn die **Rechte der beteiligten Parteien gesichert** sind und Bedingungen erfüllt sind. So verlangt in der Regel der Verkäufer, dass er erst aus dem Grundbuch als Eigentümer gelöscht wird, wenn der vereinbarte Kaufpreis auf einem Anderkonto des Notars gutgeschrieben ist und der Käufer verpflichtet den Notar, den Kaufpreis erst dann an den Verkäufer auszuhändigen, wenn er als Eigentümer in das Grundbuch eingetragen ist. Die Banken ihrerseits verpflichten den Notar, die Finanzmittel erst dann an den Verkäufer auszuzahlen, wenn ihre Rechte (Hypothek oder Grundschuld) in das Grundbuch eingetragen sind. **Der Notar ist der Mittelsmann, der durch seine Handlung alle Forderungen erfüllen kann.**

Zu diesem Thema könnte ich noch folgende Stichworte einbringen:

_____

_____

_____

_____

_____

_____

_____

_____

_____

Lösungsmuster zur Aufgabe Nr. 98:

Die stark hervorgehobenen Worte sind Schlagworte, auf die Prüfer achten!

*a) **Handelsvertreter** ist, wer als **selbständiger Gewerbetreibender** ständig damit betraut ist, für einen anderen Unternehmer Geschäfte zu vermitteln oder in dessen Namen abzuschließen.*

*Der Handelsvertreter ist **Kaufmann im Sinne des HGB** und unterliegt damit auch den **handelsrechtlichen Buchführungspflichten.** Erfordert sein Gewerbe jedoch nicht die Führung eines in kaufmännischer Weise eingerichteten Geschäftsbetriebes, so treffen die Buchführungspflichten nur in eingeschränkter Weise auf ihn zu. Er ist dann nicht bilanzierungspflichtig, sondern muss Aufzeichnungen führen.*

*Das **Steuerrecht** leitet die **Buchführungspflicht aus dem HGB ab,** § 140 AO. Ein nicht bilanzierungspflichtiger Handelsvertreter kann seinen Gewinn nach § 4 (3) EStG ermitteln, indem er den Überschuss der Betriebseinnahmen über die Betriebsausgaben ermittelt. Er hat nach § 141 AO dann Aufzeichnungen zu führen. Weil der Handelsvertreter eine Provision für seine vermittelten Geschäfte erhält, tätigt er keine Lieferungen, sondern eine sonstige Leistung nach § 3 (9) UStG.*

*b) Der **Versicherungsvertreter** steht dem **Handelsvertreter gleich,** was die steuerlichen und buchhalterischen Pflichten betrifft, außer dass seine Umsätze von der USt befreit sind, § 4 Nr. 4 UStG.*

Zu diesem Thema könnte ich noch folgende Stichworte einbringen:

_____

_____

_____

_____

_____

_____

_____

_____

_____

_____

Lösungsmuster zur Aufgabe Nr. 99:

Die stark hervorgehobenen Worte sind Schlagworte, auf die Prüfer achten!

*Frau Kirschbaum hat sich an einem **Immobilienfonds beteiligt.** Durch den Erwerb von Zertifikaten eines Immobilienfonds kann der Anleger an den Vorteilen des Immobilienbesitzes teilhaben. Er kann bereits mit einem relativ geringen Kapitaleinsatz eine breite Risikostreuung erreichen.*

*Bei Immobilienfonds ist zu unterscheiden zwischen den **offenen** und **geschlossenen Fonds.** Die offenen Fonds verkaufen fortlaufend neue Zertifikate und erwerben neue Objekte hinzu. Durch eine Vielzahl von Liegenschaften wird eine breite **Risikostreuung** erwirkt. Das Investmentgesetz enthält Vorschriften, die den Anleger schützen sollen.*

*Im Gegensatz zu den offenen Fonds setzen die **geschlossenen Fonds** ihre Mittel nur zur Finanzierung eines oder einiger **weniger Objekte** ein. Die Risikostreuung ist dabei eingeschränkt. Der Erfolg hängt von der Verwertung und dem Geschäftserfolg des Objektes ab. Dieser Nachteil wird oft dadurch ausgeglichen, dass Investitionen in sozialen oder steuerbegünstigten Wohnungsbau vorgenommen werden und langfristige Miet- oder Pachtverträge abgeschlossen werden. Auf diese Weise wird versucht, das Vermietungsrisiko einzuschränken.*

*Die Wertpapiere eines **geschlossenen Immobilienfonds** sind **schwerer zu verkaufen,** weil kein Markt dafür besteht. Wenn keine langfristigen Miet- oder Generalpacht-verträge bestehen, trägt der Anleger das Vermietungsrisiko, das besonders in konjunkturell schwachen Zeiten zu beachten ist. Das in geschlossenen Immobilien-fonds investierte Kapital sollte langfristig zur Verfügung stehen.*

Bei geschlossenen Fonds kann die Vertragsgestaltung unterschiedlich sein. Sie kann auf der gesellschaftsrechtlichen Lösung beruhen, in dem sie in Form einer Kommanditgesellschaft geführt wird oder auf der Basis von Bruchteileigentum (Treuhand-Lösung).

*In einem Fall bezieht der Anleger **Einkünfte aus Gewerbebetrieb** (KG) und im anderen Fall Einkünfte aus **Vermietung und Verpachtung.***

Im vorliegenden Fall handelt es sich um Einkünfte aus Vermietung und Verpachtung. Es wurde ein Verlust erwirtschaftet, das heißt die Werbungskosten überstiegen die Einnahmen. Aus dem Betreff geht hervor, dass es sich um einen Immobilienfonds in den neuen Bundesländern handelt. Der Verlust kann durch Sonderabschreibungen verursacht worden sein.

*Der **bescheinigte Verlust** kann von Frau Kirschbaum mit **anderen positiven Einkünften verrechnet werden.** Das zu versteuernde Einkommen wird durch die Verrechnung des Verlustes gesenkt und damit ergibt sich auch eine geringere Steuerlast.*

Lösungsmuster zur Aufgabe Nr. 100:

Die stark hervorgehobenen Worte sind Schlagworte, auf die Prüfer achten!

Die Bemessungsgrundlage für die ESt ist das zu versteuernde Einkommen. Als Eingangsgrößen gehen die Einkünfte der sieben Einkunftsarten in diese Berechnung ein. Die "Einkünfte" sind Nettogrößen, das heißt es handelt sich um saldierte Beträge von Betriebseinnahmen minus Betriebsausgaben bzw. Einnahmen minus Werbungskosten. Sind bei einer Einkunftsart die Betriebsausgaben oder Werbungskosten höher als die Einnahmen, entsteht ein Verlust.

Diese Verluste können jedoch mit anderen positiven Einkünften verrechnet werden. Es wird unterschieden der sogenannte horizontale und der vertikale Verlustausgleich.

Beim horizontalen Verlustausgleich werden positive Einkünfte und Verluste innerhalb einer Einkunftsart ausgeglichen. Wenn zum Beispiel ein Steuerpflichtiger zwei Mietshäuser besitzt und sich bei dem einen Objekt ein positiver Überschuss und bei dem anderen ein Verlust ergibt, so können diese Beträge untereinander verrechnet werden. Ob nun bei dieser Einkunftsart letztlich ein verrechneter positiver Überschuss oder Gesamtverlust entsteht, hängt von der Höhe der Werbungskosten und der Einnahmen ab. Sollte sich durch die Verrechnung in der Einkunftsart insgesamt ein Verlust aus Vermietung und Verpachtung ergeben, so kann dieser Verlust mit anderen positiven Einkünften einer anderen Einkunftsart verrechnet werden, so z. B. aus positiven Einkünften aus nichtselbständiger Arbeit oder Einkünfte aus Gewerbebetrieb usw. Alle Einkünfte werden zusammengefasst in der Addition der Summe der Einkünfte. Verluste gleichen sich deshalb vertikal, d. h. über andere positive Einkunftsgrößen anderer Einkünfte aus.

Sollten die Verluste so groß sein, dass selbst bei der vertikalen Verrechnung immer noch ein Verlust entsteht und der Gesamtbetrag der Einkünfte negativ ist, so kann nach § 10 d EStG dieser Verlust zurückgetragen werden und mit positiven Einkünften der Vergangenheit verrechnet werden. Der Rücktrag ist zur Zeit zwei Jahre zurück möglich. Ist ein Rücktrag nicht möglich, weil keine positiven Verrechnungsgrößen vorhanden sind, so kann der Verlust in die Zukunft vorgetragen werden. Ein Verlustvortrag wird dann wie Sonderausgaben abgezogen, § 10 d EStG. Der Verlustvortrag ist auf 10 Millionen begrenzt.

Es muss noch beachtet werden, dass bei den Spekulationsgeschäften des § 23 EStG Verluste nur mit in der gleichen Periode entstandenen Spekulationsgewinnen verrechnet werden können. Ein vertikaler Ausgleich oder ein Rück- bzw. Vortrag in andere Kalenderjahre ist nicht möglich.

Lösungsmuster zur Aufgabe Nr: 101

Die stark hervorgehobenen Worte sind Schlagworte, auf die Prüfer achten!

Zum Ende des Wirtschaftsjahres muss der Unternehmer den Jahresabschluss erstellen. Bevor er die Konten in einer Schlussbilanz und einer Gewinn- und Verlustrechnung zusammenfasst, hat er zu prüfen, ob sie rechnerisch und sachlich richtig sind und die Bestände mit den Angaben der Inventur übereinstimmen.

*Die vorzunehmenden Umbuchungen hat er festzuhalten. Die **Hauptabschlussübersicht erleichtert den Überblick über das Zahlenmaterial der Buchführung** eines Unternehmens, da sie in **tabellarischer Form** geführt wird.*

Wird der Abschluss auf der HÜ vorgenommen, so brauchen die einzelnen Konten nicht formell "abgeschlossen" werden, das heißt die Summen der Soll- und Habenseiten der Konten werden auf die HÜ übernommen und weiterverarbeitet.

Für kleine Betriebe, die ihre Buchführung per Hand erstellen, ist dies eine Erleichterung. Im Rahmen der zunehmenden Verarbeitung der Buchführung per Computer ist ein formeller Abschluss jedoch kein Problem mehr. Dennoch ist nach wie vor die HÜ ein beliebtes Instrument, um den Abschluss durchzuführen.

*Die **ausführliche HÜ** gliedert sich in folgende Spalten: Eröffnungsbilanz, Umsatzbilanz, Summenbilanz, vorläufige Saldenbilanz, Umbuchungsspalte, endgültige Saldenbilanz, Schlussbilanz und Gewinn- und Verlustrechnung. Oftmals wird jedoch eine **verkürzte HÜ** verwendet. Es entfallen dann die Hauptspalten Eröffnungsbilanz, Umsatzbilanz, Summenbilanz und endgültige Saldenbilanz.*

Im Einzelnen enthalten die Spalten folgende Angaben:

*Die **Eröffnungsbilanz** enthält die Bestände aus der Bilanz des Vorjahres. Die **Umsatzbilanz** nimmt die laufenden Buchungen auf den Konten auf und wird in der Gesamtsumme der Sollseite und Habenseite der einzelnen Konten festgehalten. Die **Summenbilanz** ist eine Addition der Eröffnungsbilanz und der Umsatzbilanz. Die **vorläufige Saldenbilanz** saldiert die Soll- und Habenseiten und weist die Differenzen (Salden) auf den jeweiligen Seiten aus. Die **Umbuchungsspalte** zeigt die vorbereitenden Abschlussbuchungen, z. B. Abschreibungen, verrechnet das Privatkonto und die Vorsteuer, den noch nicht verbuchten Eigenverbrauch, die Korrekturbuchungen, die sich aufgrund der Inventurdifferenzen ergeben oder durch Falschbuchungen berichtigt werden müssen. Die **endgültige Saldenbilanz** verrechnet nun die vorläufige Saldenbilanz mit der Umbuchungsspalte und es ergeben sich die endgültigen Salden. Die Spalte **Schlussbilanz** nimmt nur die Aktiv- bzw. Passivkonten auf und die Erfolgsbilanz oder **Gewinn- und Verlustrechnung** die Aufwendungen und Erträge. Der Gewinn zeigt sich als Differenz der Spalten Schlussbilanz bzw. Gewinn- und Verlustrechnung.*

Lösungsmuster zur Aufgabe Nr: 102

Die stark hervorgehobenen Worte sind Schlagworte, auf die Prüfer achten!

Es ist zu unterscheiden, ob es sich um einen **typischen** *oder einen* **atypischen stillen Gesellschafter** *handelt.*

a) Der **typische** *stille Gesellschafter erhält nur den vereinbarten Zins auf seine Beteiligungseinlage. Er bezieht* **Einkünfte aus Kapitalvermögen,** *§ 20 (1) Nr. 4.*

b) Der **atypische** *stille Gesellschafter hat darüber hinaus noch Anspruch auf die stillen Reserven oder er nimmt Einfluss auf die Unternehmensziele durch ein Mitspracherecht. Dadurch wird er Mitunternehmer und bezieht daher* **Einkünfte aus Gewerbebetrieb.**

c) Stille Gesellschafter siehe unter Punkt a) und b). Der **Kommanditist** *gilt stets als Mitunternehmer und bezieht deshalb* **Einkünfte aus Gewerbebetrieb,** *EStR H 138 Mitunternehmerinitiative.*

Zu diesem Thema könnte ich noch folgende Stichworte einbringen:

_____

_____

_____

_____

_____

_____

_____

_____

_____

_____

_____

_____

Kassenbericht Datum _____ Nr. _____

		Vorsteuer Betrag		Netto-/Brutto-Betrag				Buch-vermerk
Kassenbestand bei Geschäftsschluß						715	87	
Ausgaben im Laufe des Tages	%							
1. Wareneinkäufe und Warennebenkosten								
Lieferung, Nachnahme						230	15	
2. Geschäftsausgaben								
Briefmarken						55	-	
Putzfrau						180	-	
3. Privatentnahmen						400	-	
4. Sonstige Ausgaben (z.B. Bankeinzahlungen)								
Einzahlung auf Bank						1200	-	
Summe						2781	02	
abzüglich Kassenendbestand des Vortages						206	-	
= Kasseneingang						2575	02	
abzüglich sonstige Einnahmen								
= Bareinnahmen (Tageslosung)						2575	02	

Kundenzahl _____   Unterschrift _____

183

Kassenabrechnung

vom _____ bis _____ Seite _____

Filiale/Kasse

Tag	Beleg Nr.	Geschäftsvorgang	Einnahmen gesamt	MwSt.	netto	Ausgaben gesamt	Vorsteuer	netto	Gegen konto
		Übertrag/Kassenbestand des Vortages	206	-					
	1	Diverse Kasseneingänge	2575 02						
		lt. Registrierstreifen							
	2	Bezahlung Lieferantenrechnung				230	15		
	3	Briefmarken				55	-		
	4	Putzfrau				180	-		
	5	Privatentnahme				400	-		
	6	Einzahlung auf Bankkonto				1200	-		
	9								
	10								
	11								
	12								
	13								
	14								
	15								
	16								
	17								
	18								
	19								
	20								
	21								
	22								
	23								
	24								
	25								
	26								
	27								
	28								
		Summe	2781 02			2065	15		

Buchungsvermerke

./. Ausgaben	2665	15
= Kassenbestand	715	87

erstellt _____ geprüft _____ gebucht

184

Lösungen zu den Buchungssätzen

B447 Buchungen auf den Bestandskonten

Soll 0320 PKW	Haben 1000 Kasse
Soll 1575 Vorsteuer 16 %	

B460 Wareneinkauf: Anschaffungsnebenkosten

Soll 3200 Wareneingang	Haben 1600 Verbindlichkeiten aLuL
Soll 3800 Anschaffungsnebenkosten	
Soll 1575 Vorsteuer 16 %	

B461 Minderung der Anschaffungskosten

Soll 1600 Verbindlichkeiten aLuL	Haben 1200 Bank
	Haben 3735 Erhaltene Skonti
	Haben 1575 Vorsteuer 16 %

B462 Wareneinkauf: Rücksendungen

Soll 1600 Verbindlichkeiten aLuL	Haben 3200 Wareneingang
	Haben 1575 Vorsteuer 16 %

B463 Warenverkauf: Vertriebskosten

Soll 4730 Ausgangsfrachten	Haben 1200 Bank
Soll 1575 Vorsteuer 16 %	

B464 Warenverkauf: Erlösschmälerungen

Soll 8700 Erlösschmälerungen	Haben 1400 Forderungen aLuL
Soll 1775 USt 16 %	

B465 Warenverkauf: Rücksendungen

Soll 8700 Erlösschmälerungen	Haben 1400 Forderungen aLuL
Soll 1775 USt 16 %	

B466 a) Buchungen im Fertigungsbereich

Soll 3000 Aufw. für Rohstoffe	Haben 1600 Verbindlichkeiten aLuL
Soll 1575 Vorsteuer 16 %	

B466 b) Bestandsveränderungen

Soll 3960 Bestandsver. Rohstoffe	Haben 3970 Bastand Rohsoffe

B468 Lohn- und Gehaltsbuchungen

Soll 4120 Gehälter	Haben 1741 Verb. aus LSt und KiSt
	Haben 1742 Verb. im Rahmen d.s.S.
	Haben 1200 Bank

B469 Abzüge bei Lohn und Gehaltsbuchungen siehe B468

B470 Arbeitgeberanteil zur Sozialversicherung

Soll 4130 Gesetzl. soz. Aufwendungen	Haben 1742 Verbindlichk. i.R.d.s.S.

B471 Vermögenswirksame Leistungen vom AG getragen

Soll 4120 Gehälter	Haben 1741 Verb. aus LSt und KiSt
Soll 4170 VwL	Haben 1742 Verb. im Rahmen d.s.S.
	Haben 1200 Bank
	Haben 1200 Bank

B472 Buchung der Sachbezüge o. USt

Soll 4120 Gehälter	Haben 1741 Verb. aus LSt und KiSt
	Haben 1742 Verb. im Rahmen d.s.S.
	Haben 8614 Verr. sonst. Sachb.o.USt
	Haben 1200 Bank
Soll 4130 Gesetzl. soz. Aufwendungen	Haben 1742 Verbindlichk. i.R.d.s.S.

B473 Buchung von Vorschüssen

Soll 1530 Ford. Personal	Haben 1000 Kasse

B474 Buchung von Abschlägen

Soll 1755 Lohn- u. Gehaltsverrkto.	Haben 1200 Bank

B475 Buchung der Lohnnebenkosten z.B. Berufsgenossenschaft

Soll 4138 Beitr. Berufsgenossenschaft	Haben 1200 Bank

B481   Buchungen auf den Geldverrechnungskonten

Soll 1360 Geldtransit	Haben 1000 Kasse
Soll 1200 Bank	Haben 1360 Geldtransit

B482   Schecks

Soll 1330 Schecks	Haben 1400 Forderungen aLuL

B483   Debitorenkontokorrent

Soll D10111 Kunde Adam	Haben 8400 Erlöse 16 %
	Haben 1775 USt 16 %

B484   Kreditorenkontokorrent

Soll 3400 Wareneingang 16 %	Haben K70001 Lieferer Ackermann
Soll 1575 Vorsteuer 16 %	

B485   a) Erhaltene Anzahlungen

Soll 1200 Bank	Haben 1717 Erhaltene Anzahlungen
	Haben 1775 USt 16 %

B485   b) Geleistete Anzahlungen

Soll 1517 Geleistete Anzahlungen	Haben 1200 Bank
Soll 1575 Vorsteuer 16 %	

B487   Darlehensauszahlung

Soll 1200 Bank	Haben 0650 Verb. g. Kriditinstitute

B488   Darlehensrückzahlungsbetrag

Soll 0650 Verb. g. Kreditinstitute	Haben 1200 Bank

B489   Disagio/Damnum

Soll 1200 Bank	Haben 0650 Verb. g. Kreditinstitute
Soll 0986 Damnum	

B490   Leasingrate beim Leasingnehmer

Soll 4810 Mietleasing	Haben 1200 Bank
Soll 1575 Vorsteuer 16 %	

Buchungsliste

B491 Besitzwechsel

Soll 1300 Wechsel aLuL	Haben 1400 Forderungen aLuL

B492 Schuldwechsel

Soll 1600 Verbindlichkeiten aLuL	Haben 1660 Schuldwechsel

B494 Diskont

Soll 1200 Bank	Haben 1300 Wechsel aLuL
Soll 2130 Diskontaufwendungen	
Soll 4970 Kosten d. Geldverkehrs	

B495 Barwerte des Wechsels siehe B491 und B492

B498 Kauf von Beteiligungspapiere

Soll 0510 Beteiligungen	Haben 1200 Bank

B499 Kauf von festverzinslichen Wertpapieren

Soll 1348 Sonstige Wertpapiere	Haben 1200 Bank
Soll 1349 Zinsscheine	

B500 Anschaffung von Sachanlagen, z.B. Maschinen

Soll 0210 Maschinen	Haben 1200 Bank
Soll 1575 Vorsteuer 16 %	

B501 Herstellungskosten von Sachanlagen, z.B. Maschinen

Soll 0210 Maschinen	Haben 8990 Andere akt. Eigenleist.

B502 Abschreibungen a. Sachanlagen, z.B. Maschinen

Soll 4830 Abschreibungen	Haben 0210 Maschinen.

B503 Veräußerung von Sachanlagen

Soll 2315 Anlagenabgang	Haben 0320 PkW
Soll 1200 Bank	Haben 8829 Erlöse a. Anlagenverk.
	Haben 1775 USt 16 %

188

B504 Geringwertige Wirtschaftsgüter

Soll 0480 GWG	Haben 1200 Bank
Soll 1575 Vorsteuer 16 %	
Soll 4860 AfA GWG	Haben 0480 GWG

B505 Sachanlagen im Anlagenspiegel

Für bestimmte Gesellschaften, die ihre Bilanz veröffentlichen müssen, schreibt das HGB vor, die Entwicklung der einzelnen Posten im Anlagevermögen aufzuzeigen. Der Anlagespiegel wird im § 268 (2) geregelt.

B506 Anlagen im Bau

Soll 0120 Gschäftsbauten im Bau	Haben 1200 Bank

B507 Siehe B485

B508 Betriebssteuern

Soll 2375 Grundsteuern	Haben 1200 Bank
Soll 4510 Kfz-Steuer	Haben 1200 Bank

B509 Privatsteuern

Soll 1810 Privatsteuern	Haben 1200 Bank

B510 Aktivierungspflichtige Steuern

Bei dem Erwerb eines Gebäudes oder Grundstücks fällt die Grunderwerbsteuer an. Sie gehört mit zu den Anschaffungskosten und erhöht somit die Abschreibungsgrundlage des Gebäudes. Aktivierungspfl. Steuern sind auf dem entsprechenden Anlagekonto zu erfassen.

B511 Steuerliche Nebenleistungen

Steuerliche Nebenleistungen können Betriebsausgabe sein, wenn die die Steuer für die sie erhoben werden abzugsfähig ist. Sie werden dann auf dem Aufwandskonto 4390 Sonstige Abgaben erfasst. Nicht abzugsfähige steuerl. Nebenleistungen werden über das Privatkonto gebucht.

B512 Export

Soll 1400 Forderungen aLuL	Haben 8100 Steuerfreie Umsätze

B513   Importe aus Drittländern

Soll 3200 Wareneingang	Haben 1600 Verbindlichkeiten aLuL
Soll 3850 Zölle	Haben 1200 Bank
Soll 1588 Bezahle EUSt	

B514   Innergemeinschaftliche Lieferung

Soll 1400 Forderungen aLuL	Haben 8125 Steuerfr. innergem. Liefg

B515   Innergemeinschaftlicher Erwerb

Soll 3425 Innergem. Erwerb	Haben 1600 Verbindlichkeiten aLuL
Soll 1573 Vorst. aus innerg. Erwerb	Haben 1773 USt aus i. E.

B516   Bewirtungsaufwendungen

Soll 4650 Bewirtungskosten	Haben 1000 Kasse
Soll 4654 Nichtabzugsf. Bewirtungsk.	
Soll 1575 Vorst. 16 %	

B517   Siehe B518

B518   Geschenke an Kunden bis 75 DM

Soll 4630 Geschenke bis 75 DM	Haben 1000 Kasse
Soll 1575 Vorst. 16 %	

B520   Reisekosten Unternehmer

Soll 4670 Reisekosten Unternehmer	Haben 1000 Kasse
Soll 1575 Vorst. 16 %	
Soll 1571 Vorst. 7 %	

B522   Grundstücksaufwendungen

Soll 2350 Gundstücksaufwendungen	Haben 1200 Bank

B523   Siehe B516

B524   Eigenverbrauch von Gegenständen

Soll 1800 Entn. v. Gegenständen	Haben 8910 Entn. v. Gegenständen

B530 Siehe B531 bis B534

B531 Aktive Rechnungsabgrenzung

Soll 0980 Aktive RAP	Haben 4210 Miete

B532 Passive Rechnungsabgrenzung

Soll 2750 Grundstückserträge	Haben 0990 Passive RAP

B533 Sonstige Forderungen

Soll 1500 Sonstige Forderungen	Haben 2650 Zinserträge

B534 Sonstige Verbindlichkeiten

Soll 4210 Miete	Haben 1700 Sonstige Verbindlichk.

B535 Noch nicht abziehbare Vorsteuer

Soll 4805 Instandhaltung Soll 1578 VorSt im Folgej. abziehb.	Haben 1700 Sonstige Verbindlichk.

B536 Noch nicht fällige Umsatzsteuer

Soll 1500 Sonstige Forderungen	Haben 2750 Grundstückerträge Haben 1776 Umsatzsteuer

B565 GewSt-Rückstellung

Soll 4330 Gewerbeertragsteuer	Haben 0957 GewSt-Rückstellung

B566 Unterlassen Instandhaltungen

Soll 2350 Grundstücksaufwendungen	Haben 0971 Rückst. f. unt. Aufw.

B657 Kulanz

Soll 4000 Materialaufwendungen	Haben 0978 Aufwandsrückstellungen

B568 Offene Rücklagen für Kapitalrücklage

Soll 1200 Bank	Haben 0800 Gezeichnetes Kapital Haben 0841 Kapitalrücklage

B569 Offen Rücklagen: Gewinnrücklage

Soll 2496 Einst. i.d.Rücklage	Haben 0846 Gesetzl. Rücklangen

B570 Stille Rücklagen (Reserven)

Stille Rücklagen werden buchtechnisch erst erfasst, wenn sie aufge-
löst werden, z.B. durch Verkauf v. unterbewertetem Anlagevermögen.

B571 Sonderposten mit Rücklagenanteil

Soll 2345 Einst. Sonderp. m. Rückl.	Haben 0947 Sonderp. m. Rückl.